돈의 교실

# 10대를 위한 경제 이야기

다카이 히로아키 지음
전경아 옮김
이두현 감수

웅진 지식하우스

# 등장인물

## 준

어디에나 있을 법한 평범한 중학교 2학년생. 초등학생 시절부터 농구부에서 활약했고, 부서 활동이 없는 주말에는 공원에서 축구로 열정을 불태우는 소년이다. 그에게 '영웅'은 소방관인 아버지. 얄궂은 운명의 장난으로 '주산 동아리'에 들어가게 된다.

## 미나

동네에서 제일가는 부잣집 딸. 성적은 늘 전교 최상위권에 어머니로부터 물려받은 미모까지, 어디서나 주목받는 존재다. 무슨 일이든 한번 꽂히면 철저하게 파고드는 면이 있다. 집안에서 경영하는 사업 때문에 고민이 많다.

## 미스터 골드맨

'주산 동아리'의 고문으로, 키가 2미터도 넘는 거구의 사나이. 그동안의 경력은 알려진 바 없다. 큰 체구도 거뜬히 들어가는 벤츠가 그의 애마. 홍차와 스콘을 각별히 사랑한다. 나이는 대략 40대로 추정된다.

# 차 례

# 제 1 장

## 이상한 동아리

# 1강

# 돈의 교실에 온 것을
# 환영합니다

예상대로 2학년 6반 교실은 텅 비어 있었다.

잠시 망설이다 창가 쪽 줄, 앞에서 세 번째 자리에 앉았다.
교정에서 축구반의 함성이 들려온다. 한숨이 나왔다.

우리 학교에서 매주 월요일 6교시는 특별활동 시간이다. 부
서 활동과는 다른 종목을 고르는 것이 규칙이라, 나는 올해도
농구 못지않게 좋아하는 축구반을 노렸다. 하지만 운이 좋았
던 1학년 때와 달리, 인기가 많은 축구반은 추첨에서 떨어지

고 제2지망이던 핸드볼반마저 아쉽게 탈락. 남은 곳은 여기뿐이었다.

벌써 6교시가 시작되고 몇 분이 지났다. 하지만 아무도 오지 않았다. 그야 인기가 없으니까.

"환영합니다!"

별안간의 큰소리에 나는 화들짝 놀랐다. 문 쪽을 보며 눈을 부릅뜨자, 동그란 안경을 쓴 아저씨가 문을 힘겹게 빠져나오고 있었다. 외국인인가? 내가 지금까지 본 사람 중에 가장 덩치가 큰 사람이었다. "다시 한 번 말할게요, 환영합니다!"

몸집이 큰 아저씨는 덩치에 어울리지 않게 한 글자 한 글자 꼼꼼하게 칠판에 썼다.

### 주산반에 온 것을 환영합니다!

그렇다. 내가 들어온 곳은 요즘 세상에 중학생에게 '주판으로 셈하기'를 가르치겠다는, 시대에 뒤떨어진 부서였던 것이다.

"아직 다 오지 않았군요. 한 명이 더 오기로 되어 있는데……."

헉, 그렇다면 전부 두 사람뿐이라는 건가…….

"먼저 자기소개부터 합시다. 저는 미스터 골드맨이라고 불러주세요."

선생님은 미소를 지으며 나를 바라보았다. 아, 내 차례인가?

"안녕하세요, 2학년 2반 허준입니다."

"아, 〈동의보감〉을 쓴 명의 선생 아니시오. 〈허준〉은 제 인생 드라마인데. 줄을 서시오~!"

사극 좋아하는 아저씨들이 내 이름을 듣고 종종 던지는 아재 개그다. 솔직히 들을 때마다 어떻게 반응해야 할지 난감하다.

그때 한 소녀가 꾸벅 인사하더니 교실 안으로 들어왔다. "오 오. 어서 오세요, 앉고 싶은 곳에 앉으세요."

소녀는 내 자리에서 한 줄 건너뛴, 복도 쪽 자리에 앉았다. 나는 그 애를 알고 있었다. 초등학교가 달라서 같은 반이 된 적은 없었지만, 아주 유명하기 때문이다.

"자기소개를 하던 참이었어요. 난 미스터 골드맨입니다, 저 친구는 준이고. 학생은?"

소녀는 차분한 목소리로 "2학년 4반 이미나입니다"라고 말했다.

"오, 미나리! 반갑습니다."

또 재미없는 말장난이다. 아무리 봐도 외국인 선생님 같은데, 우리말을 쓸데없이 잘하시는구나.

"모처럼 이렇게 만났으니 앞으로 잘 부탁드립니다. 자, Time is gold! 시간은 금이니, 슬슬 수업을 시작해볼까요?"

나는 가방에서 주판을 꺼냈다. 엄마가 예전에 쓰던 낡은 주판이다.

선생님이 "오호, 준비성이 좋군요" 하고 싱글벙글 웃었다.

"앗, 저는 안 가져왔는데요."

"아아, 안심해요. 나도 안 가져왔으니까. 하하, 요즘 세상에 주판이라니."

맙소사, 이게 무슨 말이람. 요즘 세상에 주산반을 맡겠다고 온 사람이 누구더라?

"오늘만이 아니라 앞으로도 주판을 쓸 일은 없을 거예요."

"네?"

아, 미나와 동시에 외쳤다.

"미나, '주판알을 튕긴다'라는 말을 알고 있나요?"

"손해인지 이득인지를 정확히 따져본다는 의미입니다."

"퍼펙트(Perfect)!"

아까도 느꼈지만, 네이티브 발음이다.

"맞습니다. 손해 득실, 즉 돈을 기준으로 세상 이치를 판단한다는 뜻이죠."

미스터 골드맨은 재빨리 칠판에 써진 문구를 고쳐 썼다.

돈의 교실에 온 것을 환영합니다!

"이 동아리에서는 손익계산을 주제로 공부합니다. 아쉽지만 주판은 나설 자리가 없어요."

오랜 세월 길들여진 엄마의 주판이 갑자기 초라해 보였다.

"그러면 바로 첫 문제로 넘어가겠습니다." 선생님은 말을 끝내기가 무섭게 칠판에 이렇게 썼다.

당신의 가치는 얼마입니까?

"소중한 나의 가치입니다. 곰곰이 생각해보세요. 제한시간은 5분입니다."

진행 속도가 너무 빨라서 잠시 얼떨떨했지만 미나도 그런 모양이다. 선생님만 별일 없다는 듯, 창문에 기대어 교정을 보다 하늘을 보다 했다.

그건 그렇고, 이 문제 너무 어이가 없다. 선생님이라면 으레 인간의 가치는 돈으로 매길 수 없다고 해야 하지 않나? 이런 문제는 생각조차 해본 적 없다. 난감하군. 나는 한 가지 질문을 해보기로 했다.

"저, 힌트도 얻을 겸 질문이 있는데요. 회사원은 연봉이 평균 얼마쯤 되나요?"

"대충 5000만 원 정도 될 겁니다."

그렇게 되나. 그 말인즉슨 매달 400만 원쯤 받는다는 말인가. 선생님은 시계를 힐끔 보더니 "자, 그러면 준부터"라며 대답을 재촉했다.

"어, 한 10억 원쯤 된다고 생각합니다."

"딱 떨어지는 숫자라 좋군요. 근거를 말해줄 수 있을까요?"

"대학을 나와서 40년쯤 일한다고 치고 연봉이 5000만 원이라면 총 20억 원을 벌게 됩니다. 거기에 생활비 등등 절반쯤 빼면 뭐 10억 원이면 되겠다 싶어서."

"엑설런트(Excellent)! 그런 계산을 생애임금이라고 합니다. 경비를 고려한 것이 간단해서 좋았어요. 음, 시작이 순조롭군요. 그러면 다음은 미나리, 부탁해요."

어라? 지금 뭐라고…….

미나가 포기한 듯이 "네, 미스터 골드맨" 하고 대답했다. 적응이 빠르구나.

"그러면 다시 질문으로 돌아가서 하우 머치(How much)?"

미나가 담담한 목소리로 "일단 100억 원쯤?" 하고 대답하자 선생님 아니 미스터 골드맨이 요란하게 몸을 뒤로 젖혔다.

"너무 터무니없는 금액 아닌가요! 아, 실례. 그러면 근거를 들어볼까요?"

"제가 유괴당하면 할머니가 그 정도의 몸값은 낼 거라고 생각합니다."

"오호. 너무 큰소리로 말하지 않는 게 좋겠어요. 진심으로 노리는 녀석이 나올 수도 있으니까."

동그란 안경 너머에 있는 눈이 사냥감을 노리는 매처럼 날카롭게 빛났다. 농담으로 들리지 않았다.

"이거 흥미진진하군요. 준, 뭐 의견 없나요?"

"100억 원에 관해서 말인가요?"

"10억과 100억이라는 너무하다면 너무한 차이에 관해서, 라고 해도 좋습니다."

그게 선생님으로서 할 말입니까?

"제가 연봉을 많이 받으면 차이를 줄일 수 있겠지만 앞날이 어떻게 될지 몰라서요."

"음, 아주 현실적이군요. 미나, 서민에게 한마디 부탁해요."

"…… 100억 원은 제 돈이 아닙니다. 생애임금 관점에서 보자면 내 가치는 더 낮을 거예요."

"배려하지 않아도 돼요. 게다가 할머니의 돈이라고 해도 일부는 미나의 돈인 걸요. 머지않아 상속받을 테니까."

그때 미나가 "그러는 선생님의 가치는 얼마인가요?" 하고 반격에 나섰다.

"굿 퀘스천(Good question). 좋은 질문입니다. 얼마쯤 될 것 같나요? 아, 이런 아저씨는 공짜로 줘도 사양하겠다는 얼굴들이로군요. 뭐, 굳이 말하자면 인간에게 돈으로 가치를 매기는 어리석은 행동에는 가담하고 싶지 않습니다."

이 사람이 진짜.

"이번에는 당신이 그렇게 말하면 안 되지, 라는 얼굴이군요. 어른이란 야비한 존재죠. 그보다 두 사람의 의견이 아주 재미있네요. 준은 '번다'는 수단에서 접근했는데 미나는 유괴범이 요구하는 몸값, 말하자면 '훔친다'는 범죄자의 시점에서 생각했잖아요. 유괴를 실제로 상상한 적이 있다니, 부자다운 발상입니다."

미나가 발끈했다. 하지만 선생님은 털끝만큼도 개의치 않는 기색이었다.

"미나의 의견에는 또 하나 숨은 관점이 있습니다. 상속, 즉 유산을 '받는다'입니다. 그러면 여기까지 우리는 돈을 얻는 방법을 세 가지 발견했어요."

번다
훔친다
받는다

선생님이 손목시계를 보았다. 시계가 유난히 작아 보였다.

"슬슬 숙제를 내고 마치겠습니다. 이 세 가지 외에 돈을 얻을 수 있는 방법을 세 가지 더 생각해 오세요."

벨이 울리자, 선생님은 짝짝 손뼉을 치더니 "그러면 다음 주 월요일에" 하고 바삐 교실을 빠져나갔다. 이어서 미나도 "그러면 다음 주에 봐"라며 교실을 나갔다.

홀로 남은 나는 칠판을 구석구석 깨끗하게 지웠다.

# 돈을 손에 넣는
# 여섯 가지 방법

일주일이 지났다. 월요일 수업은 유독 길게 느껴진다. 5교
시 수학이 끝나고 동아리 교실에 가려는데 담임선생님이 나
를 불렀다.

"어이, 허준. 여기 줄 서면 되냐?"

"뭐예요, 그게."

"딴청 부리지 마. 주산은 재밌냐?"

이 선생님은 장성한 자식도 있고 나이가 지긋한데도 남을

돈의 교실
20

놀리는 게 사는 보람인 것 같은 아저씨다.

"골드맨 선생님은 어떤 분인가요? 덩치는 커가지고 동아리 수업 외에는 아무것도 하지 않던데."

담임선생님은 히죽 웃으며 내 귓가에 대고 속삭였다. "너무 알려고 들지 마. 어쨌든 그 인간은 보통 인간이 아니니까. 너 거기 들어간 걸 행운으로 알아라." 그렇게 말하고는 내 어깨를 툭 치더니 저쪽으로 갔다.

"미나리 잘 챙겨줘라~."

그의 웃음 섞인 목소리를 뒤로하고, 나는 서둘러 2학년 6반 교실로 갔다.


미나는 벌써 자리에 앉아 있었다. 지난주처럼 복도에 가까운 자리. 나도 지난주와 마찬가지로, 한 자리 건너 교정에 가까운 자리에 앉았다.

"숙제해 왔어?"

"일단 생각은 해 왔는데 자신이 없네. 너는?"

"일단은. 하지만 나도 자신 없어."

선생님이 "안녕!" 하고 힘차게 들어오더니 등받이를 감싸 안는 자세로 맨 앞줄 의자에 앉았다. 덩치가 커서인지 앉아도 꽤나 위압감이 느껴진다.

"어서 시작합시다. 제목은 '번다', '훔친다', '받는다' 이외의 돈을 얻는 방법이었습니다. 준, 부탁해요."

"첫 번째는 '빌린다'라고 생각합니다."

"네, 일단은 정답. 그런데 준, 누군가에게 돈을 빌린 적 있나요?"

이렇게 훅 들어온단 말이지.

"있습니다. 누나에게 2,000원."

"제때 갚았습니까?"

"네. 2개월 후에 2,200원을 돌려주었습니다."

"이자를 냈어? 가족인데?"

"이야 제법이군요, 누님. 궁금하니까 잠시 샛길로 빠져서 자초지종을 들어봅시다."

"처음부터 그렇게 약속했어요. 빌릴 때도 부모님에게 증인이 되어달라고 말했고."

"누나 최고네요. 돈을 어떻게 갚을지 계획을 듣고 보증인까지 세우다니."

"하지만 10%나 떼어 가다니 너무하다는 생각이 들어요."

역시 누구나 그렇게 생각하는군. 아무래도 우리 누나는 돈에 환장한 것 같다.

"흠. 10%라."

선생님은 자리에서 일어서더니 칠판에 숫자를 쓰기 시작
했다.

2000 ⎞
         ⎟ 2개월 후
2200 ⎠

2420

2662

2928

3221

3543 ⟶ 1년 후

3897

4287

4716

5188

5707

6278

6906

7597

8357

9193

10112

11123

"2,000원에 2개월 후 이자가 10% 붙으면 2,200원. 두 번째 줄까지가 준의 사례입니다. 세 번째 줄은 다시 2개월을 빌린 상태로 여기서부터 두 갈래로 이자가 불어나게 됩니다. 처음에 빌린 2,000원은 기한이 두 번 지나면서 이자가 400원. 거기에 '지난번 이자에 붙는 이자'가 더해집니다. 지난번 이자가 200원이니까 그 10%인 20원이 붙겠죠. 요컨대 이자는 전부 해서 420원입니다."

자잘하다고 할지, 뭔가 너무 쩨쩨하게 들린다.

"네 번째 줄부터는 돈을 갚지 않고 빌린 상태에서 내야 하는 액수입니다. 1년 후에는 원금과 이자를 합쳐 총(원리합계) 3,543원이 되고, 거기에 3년을 더 빌리게 되면 갚을 돈이 1만 원을 넘게 됩니다."

어, 이상한데. 원금에 붙는 이자라면 1년에 1,200원이고 3년이면 3,600원이니 빌린 돈 2,000원에 더해봤자 5,600원이 되어야 할 텐데, 그 두 배에 가깝다니.

"이것이 이자가 이자를 낳는 복리의 마력입니다. 그 유명한 아인슈타인(Albert Einstein)이 인류 사상 최대의 발견이라고 말했다는 소문도 있죠. 복리는 고리의 빚이 순식간에 눈덩이처럼 불어나는 구조로 되어 있습니다. 참고로 그 뒤는 이렇게 됩니다."

11123

12235

13459

14805

16286

17915

19707

21678

23846

26231

28854

31739

34913

38404

42244

46468

51115

56227

61850

68035

74839

82323

90520

99611

109572

120529

132582

145840

160424

미나가 "와……. 암산 엄청 빨라" 하고 조그맣게 속삭였다. 진짜 빠르다. 하지만 정말로 계산이 맞을까. 눈이 마주치자 선생님이 싱긋 웃더니, 가슴께에 있는 셔츠 주머니에서 계산기를 꺼냈다. 아무리 그래도 여기는 주산 동아리가 아니던가…….

"1.1에 곱하기를 두 번. 그리고 2,000을. 자, 그러면 이퀄(equal)을 눌러볼까요? 반올림의 오차는 너그러이 봐주시기를."

계산기 키를 누르자 칠판에 쓰인 숫자가 차례로 나왔다. 선생님이 만면에 웃음을 지으며 가슴을 폈다. 그 모습을 보고 우리도 따라 웃었다.

"너무 멀리까지 왔군요. 이제 그만 본론으로 돌아옵시다. 네 번째 방법은 '빌린다'였습니다. 다음은?"

"또 한 가지는 은행에 돈을 맡기고 이자를 받는다, 라고 생각합니다."

"굿(Good)! 부자다운 대답이 나왔습니다. 은행예금 외에도 회사의 주식이나 토지를 사서 땅값이 오르면 파는 방법도 있죠."

"저, 주식이라는 게 뭔가요?"

"서민 대표다운 소박한 질문입니다. 부자 대표는 알고 있나요?"

"…… 회사를 쪼개어 갖는다, 뭐 그런 느낌일까요?"

"과연. 주식은 회사의 소유권을 소액으로 나눈 겁니다. 그걸 사고파는 것이 주식시장이고. 그에 관해서는 언젠가 한꺼번에 정리해서 설명하죠. 예금이든 주식이든 돈을 누군가에게 맡겨서 늘리는 것을 '운용'이라고 합니다. 돈이 돈을 낳는 신기한 구조예요. 소위 돈을 '불린다'라고 하죠. 그러면 마지막 하나는?"

번다

훔친다

받는다

빌린다

불린다

┌─────────┐
│  ???  │
└─────────┘

"······ '줍는다'인가?"

"부자답지 않은 답이군요. 주운 물건을 슬쩍하는 건 범죄입니다. 게다가 그건 '받는다'나 '훔친다'의 변화구라 할 수 있겠네요. 준, 그 외에 생각나는 게 없나요?"

"어, 보물을 찾는다거나."

"낭만적이군요. 하지만 그건 '번다'에 들어갈 것 같습니다."

어렵다, 이 문제. 답을 찾지 못해 쩔쩔매는 우리를, 선생님은 웃으며 바라보았다.

"이 문제가 우리가 앞으로 풀어야 할 최대의 난제입니다. 따라서 오늘 여기서는 답을 말해주지 않을 겁니다."

거드름 피우기는. 빨리 가르쳐주면 좋으련만.

"스스로 생각하는 것이 중요하다는 말인가요?"

"딩동. 그러니 어려운 문제는 일단 제쳐두고 다음 문제로 넘어갑시다."

'번다'와 '훔친다'의 차이는 무엇일까?

"준, 아버님은 '버는' 사람입니까, '훔치는' 사람입니까?"

엄청난 질문이다, 라고 생각하면서 내가 "아버지는 소방관입니다"라고 대답하자 선생님이 흥미진진한 표정으로 내 얼굴을 잠시 쳐다보다 칠판으로 고개를 돌렸다. 방금 전 묘한 침묵은 무슨 의미일까?

번다 → 소방관

훔친다 → 범죄

"소방관은 여지없이 '번다'에 해당되겠죠. 준, 소방관인 아버지를 자랑스럽게 생각하는군요."

새삼 그런 말을 들으니 왠지 쑥스럽다.

"네. 존경합니다."

선생님이 다시 묘하게 부드러운 눈으로 나를 보았다. 엉겁결에 시선을 옆으로 돌리자 미나도 나를 빤히 쳐다보고 있었다. 그 눈빛은 가슴이 쿵 내려앉을 정도로 진지했다.

"음, 멋진걸요. 내 자식에게 존경받는 일을 하면서 노동의 대가를 얻다니. 아버님은 돈을 위해 일하는 게 아니라고 말할지도 모르지만 멋지게 '번다'는 말로 바꿀 만한 값어치가 있습니다. 그리고 이쪽 끄트머리에는 범죄, 즉 '훔친다'가 있죠. 문제는."

선생님이 칠판의 공백을 커다란 손으로 "탕!" 하고 쳤다.

"이 간극입니다. 세상에는 다양한 직업, 다양한 회사, 다양한 사람이 있어요. 그렇다면 '번다'와 '훔친다'를 나누는 경계선은 어디에 있는 걸까요?"

선생님은 입을 다물었다. 스스로 생각해보라는 뜻인가.

잠시 후 미나가 손을 들었다. 선생님이 눈짓으로 발언을 재촉했다.

"그 일이 세상에 도움이 되느냐 아니냐로 선을 그으면 되지 않을까요?"

"아, 그게 좋을 것 같아."

"호오. 두 사람의 의견이 일치했군요."

선생님은 손목시계를 보더니 칠판을 한꺼번에 전부 지웠다.

"그러면 숙제를 내고 수업을 마칠까요?"

세상에 도움이 되느냐·도움이 되지 않느냐는
어떻게 결정할까?

"다음 시간에는 구체적인 직업과 일에 관하여 도움이 되느냐, 도움이 되지 않느냐를 기준으로 생각해봅시다. 각각 세 가지, 구체적인 예를 생각해 오세요."

마침 벨이 울렸다. 선생님은 벨소리가 끝나기를 기다리더니 "그러면 다음 주에" 하고 교실에서 훌쩍 빠져나갔다. 미나는 눈이 마주치자 웃으며 고개를 가볍게 꾸벅이더니 칠판에 적힌 글씨를 지우고는 출구로 향했다.

# 3강

# 쓸모 있는 일,
# 쓸모없는 일

일요일에 농구부 연습시합을 하느라 요 주말 동아리 숙제
는 머리에서 깨끗이 지워져 있었다. 교실에 도착할 때까지 생
각해놓지 않으면 안 돼.

음, 먼저 선생님인가. 일단 눈앞에 있으니 선생님은 세상
에 도움이 되는 일에 넣자. 세상에 도움이 되지 않는 예로는
곤충학자를 넣기로 하고. 최근에 『파브르 곤충기』를 읽었는
데, 내내 벌레만 관찰하면서 어떻게 먹고사는지가 신기했으

니까. 아니, 애초에 벌레를 조사만 해서는 세상에 도움이 안 될 것 같다.

파브르를 곱씹느라 세 번째를 생각해내기도 전에 교실에 도착했다.

"오늘은 세상에 도움이 되는 일, 도움이 되지 않는 일을 구체적으로 생각해보기로 했죠."

미나가 노트를 꺼냈다. 의욕이 넘치네.

"그러면 준, 바로 세 가지 예를 들어보세요."

아직 두 가지밖에 생각하지 못했는데. 세 번째는 애드리브로 넘어가자.

"첫 번째는 선생님입니다."

"오, 그렇게 나오다니. 그건 세상에 도움이 되지 않는 예로군요."

"아니요. 도움이 되는 예입니다. 학생들에게 공부를 가르치는 것은 중요한 일이니까요."

"하하, 선생님의 이름을 더럽히는 자로서 영광인데요. 그러면 다음은?"

"음…… 곤충학자. 이쪽은 세상에 도움이 안 되는 쪽으로."

"주저하며 선택한 것 치고는 상당히 신랄한 말투로군요."

"『파브르 곤충기』는 재미있는 책이지만, 돈을 버는 것과는 관계가 없어 보여서요."

"흠. 돈이 안 된다?"

"뭐, 그런 면도 있고 세상일과 무관하다 보니 그 일을 하든 말든 곤란해 할 사람이 아무도 없을 것 같아서."

"곤충학자는 필요 없다는 말인가요? 뭐 원한이라도 있습니까? 그런 관점에서 보자면 세상과 동떨어진 학자와 예술가는 모조리 아웃이겠군요."

어? 뭔가 이상하다. 그럴 의도는 아니었는데.

"미나, 어떻게 생각하나요?"

미나는 잠시 생각하더니 "곤충학자와 화가가 없어도 살아갈 수는 있지만 그런 사람들은 새로운 발견이나 멋진 그림으로 세상을 풍요롭게 해줍니다. 돈벌이에 직결되지 않아도 세상에 도움이 되는 일이라고 생각해요"라고 말했다.

지당하신 말씀. 급조해서 둘러대니 제대로 된 대답이 나올 리 있나.

"준, 어떻게 생각하죠?"

"곤충학자 여러분께 사과드리겠습니다."

"좀 더 설명하자면 생전의 파브르는 책을 팔지 못하고 아주

가난해서, 학자인 친구들에게 경제적 원조를 받았다고 합니다. 화가 고흐도 생전에는 전혀 그림을 팔지 못했죠. 하지만 자신이 하고 싶은 일을 하지 않고는 못 배겼어요. 준이 말한 대로 세상과 무관하게, 돈과 무관하게 살았다고 할 수 있습니다. 그러면 준, 마지막 한 가지를 말해줄래요?"

"빵집 주인입니다. 이 사람들은 도움이 된다고 생각합니다."

애드리브로 적당히 둘러대서인지 내가 생각해도 시시했다.

"음, 좋아요. 재료를 구해 빵을 구워 판다. 아주 정통적인 예입니다. 이런 예도 있어야 논의에 구멍이 안 생기죠."

어라. 뜻밖에도 호평이다. 선생님은 칠판에 다음과 같이 적었다.


교사

곤충학자

빵집 주인

"여기까지는 전부 세상에 도움이 되는 일입니다. 다음은 미나, 거침없이 말해주시죠."

"세 가지 다 세상에 도움이 되지 않는 일이어도 괜찮나요?"

"더 좋죠. 균형이 맞으니."

미나는 잠시 뜸을 들이더니 깊게 숨을 쉬고 나서 말했다. "제가 도움이 되지 않는다고 생각하는 세 가지 일은 사채업과 도박, 건물주입니다."

교실에 침묵이 흘렀다.

나는 미나의 얼굴을 곁눈질로 흘깃 쳐다보고 바로 시선을 딴 데로 돌렸다. 선생님은 분필을 손에 든 채로 눈을 동그랗게 뜨고서 미나를 보았다. 미나는 그 시선을 똑바로 마주했다.

선생님은 간신히 "오…… 놀랍군요" 하고 입을 열었다.

"중학생 입에서 그 세 가지가 나올 줄이야. 좀 당황했어요."

선생님과는 다른 의미에서 나도 놀랐다. 왜냐하면 이 동네 사는 사람이라면 누구나 알고 있는, 하지만 아마도 선생님은 모르는 것을 나는 알고 있기 때문이다.

그 세 가지는 전부 미나네 집에서 하는 일들이었다.

교실의 고요함을 뒤덮듯이 교정에서 축구반의 함성이 들려왔다. 오늘은 봄볕이 따사롭고 푸른 하늘이 펼쳐져 축구하기에 더없이 좋은 날이었다. 무거운 침묵이 이어진다. 나는 지금 밖에서 속 편하게 축구나 한다면 얼마나 좋았을까를 생각했다. 선생님은 천장을 쳐다보고 미나는 고개를 숙인 채 책상 위에 깍지 낀 손을 바라보고 있었다.

미나네 아빠가 경영하는 '게임장'은 전국에 몇십 군데나 지점이 있다. 우리가 꼬마 때 가던 게임장이 아니란다. 어른들이 주로 가서 큰돈을 따기도 잃기도 하는, 그런 곳이라고 했다.

대부업에 관해서는 잘 모르지만, 한번은 누나가 미나네 집에 대해 "좋겠다. 집도 되게 크겠지?"라고 부러워하니 엄마가 "그 집은 고리대금으로 컸어"라고 차갑게 말한 적이 있다. "무슨 고리, 문고리?"라고 개그를 쳤다가 누나에게 무시당한 적이 있어서 똑똑히 기억한다.

그리고 미나네 집은 동네 제일의 땅부자이기도 하다. "저 집 사람들은 자기네 땅만 밟고 역에서 집까지 걸어갈 수 있다"는 말이 있을 정도다. 진위야 알 수 없지만, 동네에 있는 좀 으리으리한 집은 죄다 미나네 가족이나 친척들 집이라는 소문이 있다.

선생님이 겨우 칠판에 세 줄을 더 썼다.

사채업자

도박업자

건물주

"쟁쟁한 직업들이군요. 왜 이 세 가지를 선택한 거죠?"

"저희 집안에서 하는 사업들이에요. 돌아가신 할아버지 대부터 해왔습니다."

"패밀리 비즈니스라는 말이군요. 할아버님이 창업자인가요?"

"네. 건물은 대대로 물려받은 땅을 할머니가 관리하고 계시고요."

"그러면 도박업과 대부업이 아버님과 형제분들 담당이라는 말입니까?"

미나가 가볍게 고개를 끄덕였다.

"그리고 그 세 가지 모두가 세상에 도움이 되지 않는다?"

이번에는 아까보다 세차게 끄덕였다.

"왜 그렇게 생각하죠?"

"그 누구도 행복해지지 않는 일이기 때문입니다."

그것은 여태까지 들어본 적 없는 딱딱하고 차가운 목소리였다.

"돈에 쪼들리다 감당하지 못할 만큼 돈을 빌리고 그래서 가족이 뿔뿔이 흩어져 살거나, 게임에 열중하다가 주차장에 놓고 간 갓난아기가 죽는 일까지……."

"오케이(Okay)!"

선생님이 말을 가로막고 미나에게 다가가서 큼직한 오른손을 어깨에 얹었다.

"충분히 알았습니다. 고마워요."

딱딱하게 굳은 미나의 눈가에 어렴풋이 눈물이 맺힌 듯이 보였다.

"분위기가 너무 가라앉았군요. 준, 의견 부탁해요."

아니, 왜 여기서 나한테 떠넘기나.

솔직히 미나네 집에 대해 생각해본 적이 별로 없다. 도박도 사채도 나오는 거리가 멀다. 아, 우리 집 주인은 미나네인지도 모른다. 벽에 낸 구멍과 낙서를 떠올렸다. 세들어 사는 집인데 죄송합니다.

저하고는 별 관계가 없어서요, 라고 말할 수도 없어서 나는 말을 고르며 조심스럽게 대답했다.

"잘 모르지만 건물주나 땅 주인은 없으면 안 될 것 같아요."

"호오. 왜죠?"

"누군가가 빌려주지 않으면, 자기 집이 없는 사람은 사는 곳이 없어질 테니까요."

"잘 짚었습니다. 하지만 미나는 수긍할 수 없는 모양이군요, 방금 의견에.”

조금 뜸을 들이다 미나가 고개를 끄덕였다.

“아마 미나는 이렇게 생각할 거예요. 태어날 때부터 땅과 집을 많이 가졌다고 돈을 버는 것은 왠지 비겁하다고. 아닙니까?”

다시 뜸을 들이고 나서 이번에는 미나가 조그만 목소리로 “네” 하고 대답했다.

그런가. 세상이 그런 곳이니까, 어쩔 수 없는 기분도 든다만.

“현실적으로 상속받은 재산을 유지하는 것은 그 나름대로 고충이 있습니다. 아무리 재산이 많아도, 앉아서 놀고먹으면 결국 없어지지요. 어쨌건 지금 내가 할 수 있는 말은 미나의 기분은 이해할 수 있다는 데까지입니다. 그 생각이 옳으냐 그르냐는 판단하지 않겠습니다.”

음. 어쩐지 개운하지 않다.

“뭐 하고 싶은 말이 있나요, 준.”

“뭐라고 할까…… 도망치는 것처럼 보여요.”

선생님이 “예리하군요. 가차 없어” 하고 기쁜 표정을 지으며 웃었다.

“솔직한 의견 감사합니다. 맞아요. 도망쳤습니다, 지금. 단,

일시후퇴입니다. 여름이 올 무렵에 재도전을 준비하죠. 그때까지 기다려주시겠습니까?"

미나가 고개를 끄덕였다. 이제야 웃는다.

"도망치는 김에 사채와 도박에 대해서도 오늘은 여기까지만 하죠. 이쪽은 순차적으로 설명하겠습니다. 그러면 마지막으로 세 가지 직업을 더하며 오늘의 수업을 마무리하겠습니다."

말을 마치자마자 선생님은 칠판을 보며 단숨에 이렇게 썼다.

회사원
은행가
성 노동자

헉, 괜찮나 이거.

"자, 두 사람은 성매매가 뭔지 알고 있겠죠?"

미나가 진지한 표정으로 고개를 끄덕였다. 나도 최대한 진지한 표정을 하고 끄덕였다.

"거짓 사랑, 인스턴트 사랑을 파는 일입니다. 인류 역사상 가장 오래된 직업이라고도 하니, 빼놓을 수 없겠죠. 다음 시간은 연휴로 인해 쉽니다. 숙제는 이 직업들에 대해 대충이나마 생각해볼 것. 세상에 도움이 되느냐 안 되느냐는 관점에서 말이지요. 그러면 이만."

선생님이 사라지자 미나가 "오늘은 깨끗이 지워야겠다" 하고 웃음 지었다. 이 세상에 빵집 주인도 사채업자도 교사도 아무도 없는 것처럼 칠판이 깨끗해졌다. 미나가 칠판지우개를 내려놓고 나에게 불쑥 손을 내밀었다.

"오늘 고마웠어."

나는 잠시 멍하게 있다가 아…… 악수구나, 깨닫고는 손을 꼬옥, 하지만 너무 과격하지 않게 인사를 나눴다.

미나가 "그럼 다다음주에 봐" 하고 빠져나간 후, 나는 손을 오므렸다 폈다 하면서 텅 빈 교실을 둘러보았다. 다음 시간이 간절히 기다려졌다.

제 2 장

# 세상에
# 필요한 것

# 금융위기는
# 왜 일어날까?

월요일의 최고로 나른한 수업이 끝나고, 특별활동 시간이
되었다. 이번 숙제는 만반의 준비를 했다. 한 주 쉬어 여유가
있었을 뿐 아니라 미나와 꼭 해 오기로 약속했기 때문이다.

내가 운동장에서 우리 학교의 전통 '등에달리기'에 도전했
을 때의 일이었다. 등에달리기란 만개한 등나무 시렁을 길쭉
한 빗자루로 열 번 치고 주변을 열 바퀴 도는, 단지 그것만 하

면 되는 경기다. 매년 봄이면 등나무 시렁에 등에(몸빛은 대체로 누런 갈색이고 온몸에 털이 많은 곤충 - 옮긴이)가 우글우글하다. 뒤쫓아 오는 등에를 떼어내고 학교 건물로 도망치는 이 광기 어린 담력시험에, 올해만 벌써 둘이나 희생자가 나왔다. 이런 바보 같은 짓을 왜 하는지는 의문이나, 성공한 녀석은 학교에서 스타가 된다. 빗자루로 등에를 차례로 떨어트리면서 열 바퀴를 돌았던 어떤 형은 지금도 '전설의 용자'로 그 이름이 전해오고 있다.

그런 이유로 5월의 쾌청함이 이어지던 어느 날의 점심시간, 나는 등나무 시렁을 들입다 치고는 뒤도 돌아보지 않고 달리기 시작했다. 하지만 두 바퀴를 도는 도중에 다리가 꼬이며 얼굴부터 땅바닥에 멋지게 처박히고 말았다. 등에의 먹이가 되기를 각오한 그때, 멀찍이서 지켜보던 친구들이 일제히 "오오!" 하고 소리를 질렀다. 아픔을 참으며 무릎을 짚고 일어서려는데, 흙이 들어가 흐려진 눈에 흰 천을 휘두르는 사람의 모습이 보였다. 미나였다. 그녀는 어지러이 날아다니는 등에를 천을 휘둘러 떨쳐내고 있었다.

"어서! 일어나! 이쪽으로!"

나는 퉁기듯 일어나 미나를 따라 달렸다. "우~" 친구들의 야유하는 목소리가 들렸다. 우리는 교직원실이 있는, 마당 한 가운데에 난 출입구로 달려가 유리문을 세차게 닫았다. 나는 숨이 차서 바닥에 주저앉았다. 미닫이문에 기대어 안도의 숨을 내쉬는 미나의 손목을 보고 나서야, 휘두르던 것이 체육복임을 알았다.

담임선생님이 "어이, 거긴 들어가면 안 돼! 미나까지 뭘 하는 거야!" 하고 고함을 질렀다. 반론하려고 했지만 숨이 차서 목소리가 나오지 않았다. 미나는 "마침 지나가는데 등에가 날아와서요"라고 대답하고 나에게 양호실로 가라고 말했다. 양호실은 교직원실 바로 옆이다. 양호선생님은 없었다.

"먼저 얼굴을 깨끗이 씻어. 피가 많이 나."

나는 세면대에서 얼굴에 묻은 흙을 씻어서 털어냈다. 상처에 물이 닿아 따끔했다.

"고마워…… 그리고 미안."

"인사는 됐고, 미안하다니?"

"그야 공범 취급을 당했으니까. 도와준 것뿐인데."

미나는 "별 상관 안 해"라고 말하고 소독약을 적신 탈지면을 코와 뺨 언저리에 꾹꾹 눌렀다. 따끔했지만, 나는 괜히 아무렇지 않은 척했다.

"남자애들은 이상해. 왜 그런 게임을 하는 거지? 인생에 하등 도움이 안 되는 짓을."

이득이 되는 것도 하나 없고 아무짝에도 쓸모가 없지. 나는 문득 동아리의 일을 떠올렸다.

"아, 이거 꼭 곤충학자 같다."

미나도 같은 생각을 한 모양이다. 나는 "곤충학자는 세상에 도움이 돼. 등에를 빗자루로 찌르지만 않는다면" 하고 말했다. 내 얼굴을 보던 미나는 처음에는 쿡쿡 웃더니, 이윽고 데굴데굴 구르며 웃기 시작했다. 나도 폭소를 터트렸다.

"하지만 비슷해. 별다른 이유도 없는데 하지 않고는 못 배기는 느낌이."

미나는 싱긋 웃으며 자리에서 일어섰다. 그러고는 문을 나가다 뒤돌아보며 말했다.

"동아리 수업에서 봐. 우리 숙제 꼭 해 오는 거다."

선생님은 내 얼굴의 딱지를 보자마자 "오, 이거 이거. 명예로운 부상인가요?" 하고 얼굴 가득 웃음을 띠었다가 "아, 이건…… 그냥 단순히 넘어진 거로군요"라고 말했다. 예리해.

미나가 "등에달리기를 하다가 넘어졌어요" 하고 웃었다.

아, 그렇게 설명하면 이 선생님 못 알아들을 텐데.

"뭐야, 그걸 아직도 한단 말이야? 그게 시작했을 때가 분명 내가 입학하기 2, 3년 전이었는데."

여기 졸업생이었구나. 선생님은 재미있다는 듯 어깨를 들썩이며 웃더니 "어디를 물렸나요?" 하고 물었다.

"아, 그게…… 친구의 도움을 받아서 물리지 않았습니다."

"호오. 그 친구에게 한동안 굽신거리고 다녀야겠군요."

내가 곁눈질로 보니 미나가 입가만 올리고 씨익 웃었다.

"한심한 전통이지만, 특히 남학생에게는 어엿한 어른으로 인정받도록 통과의례를 시키는 경우가 드물지 않습니다. 꼭 재도전 하시기를."

선생님이 윙크했다. 덕분에 체면은 차렸다만, 선생님이 막 부추겨도 되는 건가?

"저는 등에달리기가 곤충학자와 비슷하다고 생각했어요. 가만히 있을 수가 없다고 할까, 하고 싶으니까 그냥 한다는 점에서."

"그렇군요."

선생님은 턱을 문지르며 잠시 생각하더니 "두 사람, 천직이란 말을 알고 있나요?"라고 물었다.

"내게 딱 맞는 일, 뭐 그런 의미잖아요."

"정답. 영어로는 콜링(calling)이라고 합니다."

## 천직 = calling

"그 일이 당신을 부른다는 말입니다. 멋진 표현이죠. 하지만 그뿐만이 아니라, 가혹함까지 포함한 말이라고 나는 생각합니다."

칠판 앞에 있던 선생님이 우리가 앉은 자리 근처로 왔다.

"준, 장래 무엇이 되고 싶습니까?"

"네? 될 것 같은 게 아니라 꿈을 말하라는 건가요?"

"준은 아직 중학생이니까 꿈을 말해봅시다."

"기계 설계나 발명과 관련된 일을 하고 싶습니다. 기계를 만지는 게 좋아서요."

"그렇군요. 미나는?"

"혼자서 먹고살 수 있다면 어떤 일이든 상관없어요."

혼자서라. 미나는 빨리 집을 나오고 싶은 건가.

선생님은 그 말에 더는 캐묻지 않고 "두 사람 다 현실적이군요" 하고 적당히 받아넘겼다.

"선생님은 뭐가 되고 싶었는데요?"

"나는 연구자가 되고 싶었습니다. 물리학자."

선생님의 입가에 미소가 번졌다. 조금은 쓸쓸한 미소였다.

"대학까지 붙었지만 포기했습니다. 천직이 아니었거든요."

"왜 그렇게 생각하셨나요?"

선생님은 천장을 바라보며 잠시 생각하다 교정으로 시선을 돌렸다.

"미국에서 대학에 다니던 시절, 라지브(Rajeev)라는 친구가 있었어요. 인도에서 온 유학생인데 같은 기숙사에 살았죠. 내가 영국에서 고등학교를 졸업하고 열여덟 살에 대학에 입학했을 때 라지브는 아직 열다섯 살이었습니다."

월반인가? 우수하면 학년을 뛰어넘는 제도다.

"그 친구는 진정한 천재였습니다. 내가 3학년이 되었을 때 라지브는 이미 대학원에 진학했으니까요. 포토그래픽 메모리 (photographic memory), 세간에서 말하는 직관적 기억의 소유자로, 한번 본 것은 잊어버리는 일이 없었고 수학적 감각도 아주 뛰어났죠."

미나가 "하지만 아무것도 잊어버리지 않는다니 힘들 것 같아요"라고 나지막이 말했다. "라지브가 그렇게 말했어요. 몇 년이 지나도 괴로웠던 순간과 화가 났던 사건이 선명하게 떠올라서 잠을 이루지 못할 때가 있다고."

심하다. 적당히 잊어버리는 성격이라 정말 다행이야.

"하지만 나는 마냥 부러웠어요. 도저히 당해낼 수 없는 천재였으니까요. 게다가 엄청난 공부벌레라서 자주 밤을 새우며 연구에 몰두했죠. 그걸 보고 나는 물리학을 포기했습니다."

"딱히 그 사람을 이기지 않고도 연구자가 될 수 있잖아요."

"그 친구만큼 재능이 없다는 것보다 그 친구보다 물리학을 사랑하지 않는 자신을 깨달은 거죠. 충격이었습니다. 그 친구처럼 '무슨 일이 있어도 이걸 하고 싶다, 하지 않고는 못 배기겠다' 라고 할 만큼 충동이 생기지 않았어요. 덕분에 천직이 아니라는 걸 뼈저리게 느꼈죠."

미나가 선생님의 얼굴을 빤히 보다가 천천히 고개를 끄덕였다. 나도 일단은 이해한 척했다. 선생님은 "이거야 원, 또 샛길로 빠져버렸군요" 하고 손목시계를 보았다.

"두 사람 다 오늘은 이 시간 이후에 다른 스케줄이 없나요?"

미나와 눈이 마주쳤다. 우리는 나란히 가볍게 고개를 끄덕였다.

"오오. 호흡이 딱딱 맞네. 팀워크가 생겼군요. 그러면 차라도 마시러 갑시다. 담임선생님께는 내가 말해두죠. 짐을 챙겨서 10분 후에 교문에서 만나요."

선생님은 말을 마치자마자 바람처럼 교실을 빠져나갔다. 우리는 얼굴을 마주보았다. 미나가 "뭐 괜찮지 않을까? 일단 선생님의 제안이니까" 하고 웃었다.


벤츠가 미끄러지듯이 커브를 그리며 호텔 정문 앞에 정차했다. 왼쪽 뒷문에서 미나가 내렸다. 이어서 내가 내리자 새하얀 장갑을 낀 직원이 문을 잡아주었다.

선생님이 커다란 현관을 향해 걸어갔다. 차를 세워두고 가도 되나 싶어 뒤를 돌아보니, 직원이 운전해서 주차장으로 가고 있었다.

수년 전에 새로 생긴 이 호텔에, 나는 처음으로 발을 들였다. 전에 근처를 지나갈 때 엄마가 "저런 호텔에 한번 묵어보고 싶다"라고 하자 아빠가 "하룻밤 묵는데 100만 원이나 쓰다니 바가지야, 바가지" 하고 코웃음을 쳤다. 그 순간 이 외국계호텔은 '나와는 관계없는 곳 리스트'에 들어갔다. 미나네 집안과 마찬가지로.

그 생각은 지금 확신으로 변했다. 왠지 앉아 있기가 거북했다. 쓸데없이 천장이 높다. 정원이 보이는, 바닥에서 천장까지 이어진 유리벽은 얼룩 한 점 없이 잘 닦여 있었고 그 사이로 비치는 오후의 햇살이 은은한 조명을 보완했다. 호텔 직원들은 부드럽지만 흡사 가면을 쓴 양, 미소를 짓고 있었다.

선생님은 짧은 계단을 내려와서 한 소파에 앉았다. 한 단 낮은 공간에 카페를 마련한 모양이다. 주변을 둘러보니 이 근방에서는 쉽게 볼 수 없는 옷차림을 한 사람들이 유유자적 시간을 보내고 있었다. 미나와 나는 선생님의 맞은편 소파에 앉았다.

"어서 오세요. 카페 메뉴입니다."

발소리도 없이 살며시 다가온 아저씨가 갈색 가죽 커버의 큼직한 메뉴판을 건넸다. 주름 하나 없는 검은 제복과 하얀 셔츠에 붉은 나비넥타이, 그리고 가면의 미소.

선생님은 메뉴도 보지 않고 "프린스 오브 웨일스(Prince of Wales, 영국 트와이닝스 사에서 배합해 만든 블렌드 홍차 - 옮긴이)" 하고 주문했다. 아저씨가 미나에게 "아가씨는 러시안티(Russian tea, 홍차에 잼이나 쿠키, 비스킷을 곁들여 먹는 것 - 옮긴이)로 드릴까요?" 하고 물었다. 미나가 고개를 끄덕였다. 이 아저씨, 초능력자인가.

주문을 하지 않은 것은 나뿐이었다. 묘하게 무거운 메뉴판의 페이지를 넘기니 홍차와 커피 이름으로 보이는 것이 빼곡히 적혀 있었다. 초조하다. 좋아, 이 주스로 하자 정하고 가격을 보다 눈이 튀어나왔다. 주스 한 잔에 1만 5,000원이라니……. 아저씨는 지금이라도 당장 "그러면 정하신 후에 다시" 하고 저쪽으로 가버릴 태세다. 그렇게 되면 다시 부르지 않으면 안 된다.

그때, 좋은 아이디어가 떠올랐다.

"러시안티는 맛있어?"

미나가 "응" 하고 웃었다.

"나도 그걸로 할게."

"세 사람 다 스콘 세트로 할게요."

나비넥타이 아저씨가 미소를 머금은 채 "알겠습니다" 하고 공손하게 물러났다.

잠시 후 홍차 세 잔이 나왔다. 스콘도 두 개씩, 아름다운 꽃무늬가 들어간 접시에 담겨 나왔다. 미나가 딸기잼을 스푼으로 떠서 홍차에 섞었다. 과연, 맛있어 보였다.

"두 사람, 러시아인이 그렇게 홍차를 먹는다고 생각하겠지. 하지만 실제 러시아에서는 섞지 않고 홍차를 마시면서 잼을 스푼으로 핥아먹습니다."

그건 그것대로 맛있을 것 같다고 생각하면서 우리 식 러시안티를 마셔보았다. 맛있다. 러시아 사람들도 할짝할짝 핥지 말고 섞어 먹으면 좋을 텐데.

미나가 "그럼 여기에서 숙제를 할 건가요?" 하고 스콘을 집어 들고 물었다.

"아무리 그래도 여기에서 성매매와 사채에 관해 큰소리로 논하려니 부끄럽군요."

옆 테이블에 앉은 노부부가 우리를 힐끔 쳐다보았다. 충분히 큰소리예요, 선생님.

"그래서 지난 수업에서 내가 말했던 것 중에서 설명하기에 무난한 직종을 더 심도 있게 파헤쳐보겠습니다. 자, 어떤 걸까요?"

나는 잠시 생각하고 나서 "하나는 회사원인가"라고 말했다.

"정답. 그러면 미나. 회사원은 세상에 도움이 될까요?"

"사람에 따라 다르리라 생각합니다."

이건 나도 헷갈렸다. 학급 임원 중에도 없는 편이 나은 녀석도 있으니까.

"케바케(case by case)라는 말인가요? 그러면 회사원이라는 집단으로 보자면, 세상에 도움이 될까요, 안 될까요? 준, 어떻습니까?"

"그건 회사에 따라 달라지지 않을까요? 일하는 회사가 세상에 도움이 되면 거기서 일하는 회사원도 도움이 될 테고."

"맞습니다. 그래서 회사원은 어떤 곳에서 일할 것인가 하는 고민도 필요해요. 세계 제일의 투자가로 꼽히는 버핏(Warren Buffett, 투자의 귀재라 불리며 20세기를 대표하는 미국의 사업가이자 투자가이다 - 옮긴이)이라는 아저씨가 이런 말을 했습니다. '할 가치가 없는 일이라면 잘할 가치도 없다.' 가치가 없는 회사 안에서 아무리 열심히 일해봤자 세상에 도움이 되지 않습니다."

너무 뻔한 말이라는 생각도 들었지만, 열심히 일했는데 자신이 다니는 회사가 사회적 가치가 없다는 사실을 알게 된다면 충격이리라.

"그런데 나는 회사원 중에서도 특정한 직업을 하나 꼽았습니다. 기억하고 있나요?"

미나가 "은행가"라고 즉시 대답했다. 역시 대단해.

나는 "은행가는 은행원과 무엇이 다른가요?" 하고 물었다.

"일부러 약간 예스러운 단어를 쓴 이유는 영어 뱅커(banker)에 해당하는 직업을 떠올렸기 때문입니다. 고도로 전문적인 금융업을 담당하는 사람들. 그 이름에서 음악가나 예술가, 혹은 정치가처럼 약간 거물의 느낌이 나죠. 은행원이라면 평범한 회사원, 사무원에 가까운 느낌이니까요. 어쨌든 그 은행가, 혹은 은행이라는 비즈니스는 세상에 도움이 될까요?"

실은 이거, 방금 전 사회 시간에 배웠다.

"도움이 된다고 생각합니다. 돈을 넣어두면 도둑맞을 걱정이 없어서 안전합니다. 또 모인 돈을 회사에 빌려주거나 주택 자금으로 대출해주는 것도 은행의 중요한 역할이고요."

"완벽한 모범답안이군요. 누가 알려준 지혜인가요?"

누가 알려줬냐니…… 학교에서 배웠습니다만.

"지적한 대로, 돈이 남아도는 사람과 부족한 사람 사이에 서서 필요한 곳에 돈을 시기적절하게 흘려보내는 것이 은행의 일입니다. 그 외에도 고객의 각종 상담에 응하거나, 경영과 자산운용에 조언하는 등 많은 일을 합니다. 어설픈 조언이 쓸모없는 경우도 있지만."

말끝에 가시가 있다. 선생님은 은행이 싫은 걸까?

"은행의 역할에 관해서는 좀 더 나중에 자세히 정리해보도록 하겠습니다. 오늘은 도움이 되느냐 아니냐는 관점에서만 설명해보기로 하죠. 먼저 은행은 도움이 되는 조직이며, 은행가는 아주 중요한 역할을 담당하고 있습니다. 은행가가 없으면 세상이 돌아가지 않을 정도지요. 다만 은행이 하는 일이 전부 세상에 도움이 된다고는 할 수 없습니다."

선생님이 몸을 내밀었다. 덩달아 우리도 살짝 앞으로 몸을 내밀었다.

"두 사람, '리먼 사태'라고 들어는 봤나요?"

텔레비전 다큐멘터리 방송에서 본 적이 있다.

"2008년 리먼 브라더스(Lehman Brothers)라는 유명 투자은행이 무너졌습니다. 그런 큰 은행이 파산하리라고는 누구도 생각하지 못했기 때문에 '다음은 어디야' 하고 혼란이 확산되며 은행 간 돈의 차입이 중지되었고 금융시스템 전체가 온전히 돌아가지 않게 되었죠."

미나가 "은행이 은행에 돈을 빌려준다고요?"라고 질문했다.

"은행은 매일, 전 세계적으로 엄청난 액수의 돈을 서로 빌리고 빌려줍니다. 오늘 빌려서 내일 갚는 초단기로. 돈이 부족한 은행이 남아도는 은행에 돈을 빌려서 수지를 맞추는 겁니다. 그런데 리먼 브라더스가 파산하면서 그러한 흐름이 멈추고 돈의 대정체가 일어났습니다. 그리고 그 결과 세계공황이 일어나기 일보 직전까지 갔죠. 이것이 이른바 리먼 사태입니다."

"세계공황이라니, 역사 시간에 배운 그거 말인가요?"라고 나는 얼빠진 채 물었다.

"그렇습니다. 전 세계가 혼란에 빠지고 기업이 줄줄이 도산하고 실업자가 넘치기 일보 직전까지 간 겁니다. 교과서에 나오는 1929년의 대공황은 이후 제2차 세계대전이 발발하는 원인이 되기도 했죠."

비교적 최근에 그런 엄청난 일이 일어난 줄 몰랐다.

"하지만 좀 이상하지 않습니까? 세계에 도움이 될 터인 은행이 갑자기 무너지다니. 그것도 명문 중의 명문인 대은행이. 왜 그런 일이 있어났을까요?"

듣고 보니 정말로 이상하다.

"따지고 보면 위기의 불씨는 리먼을 비롯한 다른 대은행이 소득이 낮은 사람들에게 자기 힘으로는 갚을 수 없는 금액의 주택자금 대출을 내준 데서 시작되었습니다. 집값이 올라가는 동안에는 문제가 없었지만, 그런 무리한 대출을 남발하는 상태가 장기간 유지될 리가 없죠. 집값이 떨어지자 돈을 갚지 못하는 사람이 속출했습니다."

선생님은 컵을 입에 가져갔다. 우리가 이해하기를 기다리는 것이리라. "그래서 빌린 돈이 돌아오지 않아서 은행이 손해

뭐하는 거야?" 미나에게 묻자 "사인 흉내.
이야"라고 가르쳐주었다.

가 테이블 곁으로 와서 선생님의 귓가에 입을
이 살짝 미간을 찌푸리더니 "그럴 수는 없습
히, 하지만 단호히 말했다. 아저씨는 슬쩍 미나
떠났다.

고 현관문에서 로터리로 나오자 직원이 "돌아가
달려왔다. 얼마 후 벤츠가 모습을 드러냈다. 선생
워요"라고 인사를 하고 운전석에 올라탔다. 직원
뒷좌석의 문을 열어주었다.

길에 미나는 "기분을 상하게 해서 죄송합니다"라
. 내가 눈을 크게 뜨자 선생님이 "아니, 뭐 얻어먹
요"라고 대답했다.

기지.

깜빡 잊었다.

먹었습니다. 홍차도 스콘도 아주 맛있었어요."
과 미나가 백미러 너머로 눈을 마주치더니 동시에 웃
트렸다. 괜한 말을 했나.

에요. 하지만 준, 세간에는 '공짜보다 비싼 것은 없다'

를 본 건가요?"

미나가 질문하자 선생님은 고개를 가볍게 가로저었다.

"아직 이야기가 남았습니다. 서구의 대규모 은행들은 무리
하게 돈을 빌려줬을 뿐만 아니라 더 심한 짓을 했습니다. 증권
화(securitization)라는 특수한 방법을 써서, 자신들이 져야 할 책
임을 전 세계 수많은 투자가에게 뿌려댄 것입니다. 증권화란
'돈을 빌려주었다'는 거래 자체를 다른 은행이나 투자가에 상
품처럼 파는 고도의 금융 테크닉입니다."

거래를 팔아서 어떻게 한다는 말이지? 따라가기가 조금 버
거웠다.

"복잡한 구조 자체는 중요하지 않습니다. 요점은 빌려준 돈
을 책임지고 받아내는 것이 은행의 본업이건만, 방자하게도
함부로 돈을 빌려주고는 떼일지도 모를 그 돈의 리스크를 타
인에게 전가한 것입니다. 물론 산 쪽에서도 책임은 있습니다.
눈앞의 이익에 눈이 어두워져 잘 알지도 못하는 상품에 손을
댔으니까요. 하지만 그렇다 하더라도 무모한 주택융자를 증권
화해서 마구 뿌린 은행의 책임은 무겁다고 생각합니다."

"그, 잘 알지도 못하는 상품을 뿌린 결과, 어떻게 되었습니
까?"

"서구의 집값이 오르던 수년간, 이러한 거래가 폭발적으로 늘어났습니다. 그 결과, 전 세계에 어딘가에서 터지면 연쇄적으로 손실이 퍼지는 그물망이 생겼죠. 실제 가치가 얼마인지, 누구도 알지 못하는 쓰레기 같은 상품이 몇십 조 원이나 쌓이게 된 것입니다. 그리고 어느 날 '팡!' 하고 터졌죠."

선생님이 여기서 다시 잠시 말을 멈췄다.

"이건 질 나쁜 '도둑잡기' 게임이나 다름없습니다. 다들 카드를 전부 뒤집어놓고 있죠. 도둑이 누군지 모르게. 그런데 시간이 지날수록 '수상쩍은' 카드가 점점 늘어나요. 그리고 정신을 차려보면 사람들의 패가 거의 도둑으로 채워져 있죠. 누구도 피할 수 없어요."

정말로 정신건강상 좋지 않은 게임이다.

"그럼, 다시. 복잡한 세부 내용은 중요하지 않습니다. 본질은 우수한 은행가들이 왜 그런 바보 같은 짓을 했느냐, 입니다. 개중에는 자신들이 하는 일이 진정 대단한 신기술이라고 착각했던 사람도 있었지만, 그런 치들은 그냥 바보입니다. 정말로 우수한 사람은 이런 짓이 언젠가 파탄난다는 것을 알면서도 했으니까요."

미나가 "이유가 뭔가요?" 하고 물었다.

"돈을 벌
"네? 돈을
"은행은 돈
다."

영문을 모르
는 것 아닌가?

"극단적으로 말
보너스만 듬뿍 받으
고액의 연봉을 챙겼는
아버지의 백 배, 천 배으
행 최고경영자는 리먼 
았습니다. 믿기지 않을 민
로 회사에 돈을 벌어다줬으

그렇게 받으면 아무런 망
수 있으려나.

"간식을 더 먹고 싶은데 시긴
우리는 로비에 걸린 벽시계를
되었나.

선생님이 나비넥타이를 맨 아저

고 흔들었다. "지금
계산해달라는 의미
그러자 아저씨
갖다 댔다. 선생님
니다"라고 조용ㅎ
를 보고 자리를
계산을 마치
십니까?"라며
님은 "늘 고마
이 빙 돌아서
돌아오는
며 사과했다
을 뻔했지민
무슨 아
아참, 
"저, 젊
선생
음을 타
"천민

라는 말도 있답니다."

그 말이 무슨 뜻인지 생각하고 있는데 미나도 "잘 먹었습니다" 하고 인사했다. 선생님은 "아니, 별것 아니에요"라고만 대답했다.

# 도서관에서
# 만나자

금요일 저녁, 나는 학교 도서관에 갔다. 숙제에 도움이 될 만한 힌트를 찾기 위해서였다.

책들을 대충 훑어보았지만, 수확은 없었다. 뭐 사채나 성매매 따위의 주제가 중학교 도서관에 구비되어 있을 턱이 없지.

포기하고 돌아가려는 순간, 미나의 모습이 내 시선을 끌었다. 미나는 도서관 한 귀퉁이에서 큰 판형의 책을 열심히 읽고 있었다. 그곳은 '향토와 학교의 역사'라는, 지루한 도서관 안에서도 지루하기로 정평이 난 코너였다.

"뭐 읽고 있어?" 내가 부르자 미나는 화들짝 놀란 표정을 지었다. 왠지 서글픈 반응이다. 나는 괜히 말 걸었다고 후회했다.

"그냥 이것저것 좀 봤어." 미나는 그렇게 말하면서 책을 책장에 다시 넣었다.

"숙제 힌트를 좀 찾아보려고 왔는데 헛걸음했네."

"그렇지. 그 수업, 너무 이상하니까."

"그래. 정말로 이상해. 숙제도, 선생님도."

미나는 싱긋 웃으며 "나 이제 가야겠다" 하고 일어섰다.

나는 미나가 읽던 책이 꽂힌 선반을 보았다. 거기에는 개교 이래의 졸업앨범이 주르륵 꽂혀 있었다.

왜 이런 걸, 하고 생각하던 참에 배 속이 요란하게 울렸다. 오늘 저녁은 뭘까.

# 돈은 은행가가 벌고,
# 손해는 국민이 입고

"그러면 도중에 흐지부지된 티타임에 이어서 계속하겠습니다. 유능한 은행가가 왜 세계를 혼란에 빠트리는 어리석은 짓을 했을까, 라는 주제였습니다. 준, 기억하고 있나요?"

"은행은 손해를 봐도 은행가가 보너스를 듬뿍 받는다고 했습니다."

"간결한 정리 감사드립니다. 일부 은행가가 수상쩍은 상품을 고안해내고 대량으로 판 후에 보너스를 먹고 튀는 겁니다."

여전히 다 이해가 되지는 않지만 왠지 심하게 느껴졌다.

"우수한 인재가 모인 세계 굴지의 은행이 무너졌습니다. 그들은 사기나 다름없는 짓을 저질러놓고, 심지어 그 덕에 무너지게 해놓고는 수년간 믿을 수 없을 정도로 많은 보수를 챙겼습니다. 그런데 이야기는 여기서부터 더욱 심해집니다."

이보다 더 심하다고?

"리먼 브라더스가 파산하자, 전 세계의 자금흐름에 심각한 정체가 일어났습니다. 은행끼리 서로 의심에 빠져 돈을 융통해주기 꺼렸기 때문입니다. 기업과 개인이 은행에서 돈을 빌리지 못하게 되면서 세계가 공황에 빠지기 일보 직전까지 갔죠. 하지만 공황만은 가까스로 피했습니다. 나라가 은행 빚을 대신 갚아주겠다고 선언하면서, 위험한 은행에 자본을 투입하고 금융시스템을 떠받쳤기 때문입니다. 위기일발의 순간, 문제가 해결되었을까요? 그렇게 말하고 싶지만 생각해보세요, 나라 혹은 정부의 돈은 누구의 돈일까요?"

선생님은 잠시 말을 멈췄다.

미나가 "국민인가요?"라고 대답했다.

"정답. 은행이 연쇄 파산하면 세계가 타격을 입어요. 그래서 나라에서 은행을 구제해준 거죠. 납세자 부담으로."

선생님은 다시 얼마간 침묵했다. 그러니까 이 일은 은행가와 연이 없는 우리와도 관계가 있다는 말인가.

"정리하자면 이런 구도입니다. 일부 은행가들은 남의 돈으로 멋대로 도박을 했다. 이기면 큰돈을 벌고 지면 납세자에게 청구서를 돌린다. 그야말로 꿩 먹고 알 먹는 놀이란 말이죠. 물론 모든 은행, 모든 은행가가 그렇다는 말은 아닙니다. 대부분의 은행가는 세상을 위해 사람들을 위해, 돈을 회전시키는 은행의 본분에 성실히 임하고 있습니다. 하지만 일부 은행가는, 따지자면 남의 샅바로 씨름을 해서 단물을 빨아먹었어요."

아무리 단물이 좋아도 다른 사람의 샅바는 냄새가 날 것 같아서 싫다.

"그런 사람들을 가령 진드기 집단이라고 합시다. 평소에 이 집단은 돈을 아주 잘 벌고 보너스를 듬뿍 받아 챙깁니다. 그런데 리먼 사태와 같은 위기가 오면 금융시장은 혼란에 빠지게 되죠. 시장은 무서운 곳으로, 한번 혼란에 빠지면 인간의 힘으로는 쉽사리 혼란을 잠재우지 못합니다."

정말 위험하구나. 그건 그렇고 진드기 집단이라니, 위험한 작명 센스다.

"그러면 그들은 이대로는 세계공황에 빠질 겁니다, 라고 정부와 국민을 위협합니다. 우리를 돕는 편이 결과적으로 싸게 먹히는 거예요, 라고 열을 올려 말하죠. 가당찮은 주장이지만 '사람 셋이면 호랑이도 만든다'라고, 보란 듯이 세상 사람들의 지원을 얻어내 살아남습니다. 혹은 세간의 관심이 식을 때쯤 새로운 진드기가 튀어나오게 되죠."

선생님은 단숨에 말하고는 벌떡 일어나서 창문으로 다가 갔다.

"그런 은행가는 세상에 도움이 되지 않는다는 말이군요."

미나의 한마디에 나는 정신이 들었다.

"주산반의 진가가 발휘되는 순간이군요. 미나는 어떻게 평가합니까?"

"도움이 되지 않는다기보다 폐를 끼친다는 느낌입니다."

"폐라. 그거 좋은걸요." 선생님이 웃어서 나도 따라 웃었다.

"나는 진드기라고 부르는 것도 여전히 많이 봐주는 것이라고 생각합니다. 기생충은 치명적인 해를 끼치지는 않으니까요. 기생하는 상대를 살리지도, 죽이지도 않고 영원히 공생합니다. 그러나 이런 은행가들은 길게 보자면 숙주의 건강, 즉 세계의 질서를 크게 해칠 위험을 안고 있습니다."

진짜 점점 더 심해지잖아.

"우리 사회는 자본주의 사회입니다. 그리고 그러한 사회에서 가장 중요한 토대는, 사회에 공헌한 기업과 인재가 정당한 평가를 받는 것입니다. 세상에 도움이 되는 물건과 서비스를 제공하는 회사와 성실히 일하는 사람들이 세상을 부유하게 만들고, 그 공헌도에 상응하는 보수를 받아야 합니다. '세상을 위해 도움이 되는 사람은 그에 걸맞은 보상을 받는다'라는 전제가 경제를 움직이는 중요한 엔진이 됩니다. 이 체제를 근간에서 떠받치는 것이 '시장'이고요. 그리고 이것이 우리의 경제시스템을 시장경제라고 부르는 이유입니다."

## 시장경제

"파는 사람과 사는 사람이 만나서 상품과 서비스에 관해 가격을 절충하는 장소, 그것이 시장입니다. 그들은 이 시장경제의 뿌리를 썩게 만듭니다. 긴 안목으로 보자면 사회에 해로운 영향을 끼치는 자들이 분수에 맞지 않는 몫을 가져가기 때문입니다. 부의 배분이 공정하지 못하면 경제 효율이 떨어지고 불평등감과 불만도 높아지면서 사회 전체적으로 신뢰가 바닥에 떨어집니다. 이들은 진드기는커녕 경제를 말살하는 병균입니다."

오늘의 강의는 절반쯤밖에 이해할 수 없었다. 좌우지간 느낀 것은 미스터 골드맨의 분노, 혐오감이었다.

"선생님은 왜 그렇게 그 사람들을 싫어하세요?"

선생님은 우리 앞자리로 돌아와 웃음을 띠며 이렇게 말했다.

"나도 과거에 그 집단의 일원이었으니까."

갑자기 교실이 조용해졌다.

"나는 오랫동안 금융업계에서 경제를 분석하는 일을 해왔습니다. 경제 중에서도 까다롭고 복잡해서 알기 어려운 시장 분석이 전문이었죠. 퀀트(금융시장분석가, quant, quantitative analyst의 줄임말이다 - 옮긴이)라고 하는데, 이런 전문용어는 어른들도 잘 알지 못하니 외우지 않아도 됩니다."

"하지만 물리학과 은행이라니 달라도 너무 다른데요?" 나는 소박한 의문을 던졌다.

"그럴 것 같은데 막상 해보면 아주 흡사해요. 쓰이는 수학공식이 거의 같아서 요령만 파악하면 아주 쉽죠. 실제로 주변에서도 물리에서 금융 쪽으로 가는 사람들이 많았습니다."

"라지브 씨와는 전혀 다른 길을 가고 싶었나요?"

"아픈 곳을 찌르는군요. 네, 마음속 어딘가에는 돈을 많이 벌어서 천재를 눌러주겠다는 불순한 마음이 있었을지 몰라요. 아이러니하게도 나는 퀀트로서는 천재적이었으니까요. 정말 이지 생각지도 않은 분야에 재능이 있었던 겁니다."

머리 좋은 사람의 배부른 고민이구나. 선생님은 한숨을 길게 내쉬고 천장을 바라보았다.

"지금도 잊을 수 없는 사건이 있습니다. 저희 친척 중에 누구에게나 존경받는 분이 계셨습니다. 큰아버지죠. 그분은 현역 시절 세계 유수의 은행가였습니다. 어린 시절부터 나를 몹시 귀여워해주신 터라, 퀀트가 되기로 결심했을 때 미국에 있는 큰아버지 댁까지 직접 알리러 갔습니다. 같은 분야의 길을 걷기로 한 선택을 기뻐해주리라 여기고. 결과는 정반대였습니다. 큰아버지는 낙담하듯 이렇게 말했죠. '정말로 그 일에 인생을 걸 셈이냐?'"

이번에는 침묵하는 시간이 길었다. 이렇게 이야기가 끝나는 건가, 라고 생각했을 정도였다.

"뭐, 하지만 나에게도 내 인생이 있으니까요. 나는 마음을 다잡고 기운을 내서 열심히 일했습니다. 일을 해보니 방금 말했던 대로 재능이 있었습니다. 순식간에 출세해서 말도 안 되는 보수를 받았거든요. 그리고 큰돈에 마음이 붕 떠서 세 번 이직하는 동안 두 번 이혼했습니다."

이거야 원. 나는 "이직과 이혼은 관계가 없는 것 같은데요……"라고 엉겁결에 말하고 웃었다.

"그런데 실제로 돈 버는 액수가 월등히 늘면 이혼하는 사례가 드물지 않습니다. 트로피 와이프(trophy wife, 경제적 능력과 사회적 지위가 높은 중장년 남성들이 새로 맞아들이는 젊고 아름다운 여성 반려자 - 옮긴이)라고 하죠. 성공을 과시하기 위해 모델 같은 미인을 부인으로 삼는, 한심한 이야기지만 뭐 비슷한 짓을 했던 거죠."

그런 짓을 할 사람으로는 보이지 않지만 본인 입에서 직접 나온 말이니 사실이겠지.

"그렇게 돈을 왕창 벌고 마치 내 세상인 양 인생 최고의 시기를 구가하던 시절에 금융위기가 터진 겁니다. 리먼 사태는 2008년에 일어난 일이지만, 내 경우는 그보다 1년 앞서 파멸이 찾아왔습니다. 자세한 이야기는 생략하지만 아주 사소한 계기로 시장이 여태까지와는 전혀 다르게 변질되고 말았죠."

잘은 모르지만 여하튼 아주 큰 손해를 입은 모양이다.

"은행에서 일하는 동안에 큰아버지와는 만나지 않았나요?"

"결혼식과 장례식에서 두 번 정도 얼굴을 뵈었습니다. 맞다,

그때 아주 인상 깊은 말을 해주셨죠. '현금자동인출기(ATM)를 마지막으로, 은행에서 발명한 것 중에 인류에 공헌한 건 없어.' 내가 하는 일을 다시 완전히 부정한 셈이죠. 당시에는 큰아버지도 총기가 흐려지셨구나, 이렇게만 생각했습니다. 실제로 욕심에 눈이 흐려진 것은 내 쪽이었지만."

"지금은 세 번째 부인과 사시나요? 아이는 있고요?"

미나, 질문이 날카로운걸. 나도 그 부분이 몹시 궁금하다.

"지금은 독신입니다. 두 번 결혼하고 두 번 이혼했으니 타율 10할이죠."

그런 타율은 계산하지 않아도 된다니까요.

"아이는 그쪽과 저쪽 합쳐 아들 둘과 딸 셋이 있습니다. 다들 전 부인과 살고 있습니다. 방학 때는 놀러도 오고, 아이들끼리 사이가 좋아서 함께 여행을 가기도 합니다."

뭘 해도 상상을 초월한다. 나와 미나는 얼굴을 마주보고 저도 모르게 웃고 말았다.

"그래서 그 후 일은 어떻게 되었나요?"

"봄이 가고 한겨울이 들이닥쳤습니다. 여름과 가을도 없이. 오랫동안 해왔던 수법이 전혀 통용되지 않았죠. 손을 대면 댈수록 손해를 입었습니다. 그래서 깨끗이 일을 그만뒀습니다. 그만두고 냉정을 되찾은 후에야 뒤늦게 깨달았죠. 내가 바로 진드기였다는 사실을."

그런 잔인한 대사를 생글거리며 말해도 문제인데요.

"어렴풋이 깨닫고는 있었습니다. 하지만 그만두고 나서야 선명하게 보이더군요. 1년 후에 일어날 암울한 미래가. 내가 해온 일이 어쩌면 전 세계 사람들의 인생을 파탄나게 할 수 있다는 사실에 전율했습니다."

나는 무심결에 "미래가 보이면 그걸로 왕창 돈을 벌 수 있을 것 같은데" 하고 내뱉었다.

"오, 예리하군요. 실제로 지인은 그 후에 이 세상에 종말이 오면 돈이 될 만한 거래를 닥치는 대로 해서 큰돈을 벌었지요."

"그 깜짝 놀랄 만한 연봉은 잘 저금해두셨나요?"

"현재 있기는 하지만 일종의 빚도 좀 남아서, 거의 소멸될 예정입니다."

미나가 "아, 혹시 양육비?"라고 추궁하자 "바로 맞혔어요. 금전 감각이 정상이 아닌 상태에서 이혼 협의를 했으니 뭐 자업자득이죠. 부정하게 얻은 돈은 오래가지 않아요" 하고 웃었다.

내가 어떻게 반응해야 할지 몰라 난처해하는데 미나가 "맞아, 맞아. 맞는 말이야"라고 혼잣말처럼 중얼거렸다. 한 템포 쉬고 우리 세 사람은 소리 높여 웃었다.

# 선생님과 아빠는
## 동창생?

저녁을 먹는 동안 엄마가 엽서를 손에 들고 "어머, 학부모 모임이 있네" 하고 말했다.

"가끔은 그런 데도 좀 와주면 좋을 텐데."

누나의 말에 엄마는 대답도 하지 않고 엽서의 겉면과 뒷면을 이리저리 쳐다보았다.

"엄마, 우리 중학교 나왔지?"

"아빠도."

그랬다. 아빠는 오늘도 야근이다.

"있지, 골드맨이라는 사람, 학교에 다니지 않았어?"

"골드맨?"

"응. 약간 외국인처럼 생기고 어쩌면 그때부터 키가 컸을지도 몰라."

"아아, 있었다, 있었어. 덩치가 큰 남학생. 하나인가 두 학년 위에."

세상은 좁다. 동세대이니 그렇게 놀랄 만한 일도 아닌가.

"어디서 그런 얘기를 들었니? 나도 까맣게 잊고 있었는데."

"지금 우리 주산반 선생님이야. 졸업생이라고 했으니까. 어쩌면 그 사람, 아빠랑 같은 반이 아니었을까?"

"그럴지도. 거기까지는 기억이 안 난다, 얘."

도서관에서 미나가 보인 행동의 수수께끼가 그제야 풀렸다.

"엄마, 아빠 졸업앨범 좀 꺼내줘."

"꺼내기 힘들어. 아마 제일 안쪽 사진 선반, 그것도 제일 밑바닥에 있을걸."

엄마가 벽장 쪽으로 턱을 치켜 올렸다. 누나가 "시시한 소리 그만하고 어서 밥이나 먹어" 하고 참견했다. 벌써 8시다.

벽장을 뒤집어엎는 것보다 도서관에 가는 편이 빠를 것 같다.

# 가장
# 오래된 직업

"자, 먼저 여태까지 우리가 말했던 직업을 복습해볼까요?"

결국 나는 내 나름대로 바빠서, 졸업앨범을 찾는 작전은 시작도 못 했다.

교사

곤충학자

빵집 주인

사채업자

도박업자

건물주

회사원

은행가

성 노동자

"이 중 논의하지 않은 직업이 네 가지입니다." 선생님이 칠판에 적힌 글자를 보며 말했다.

사채업자, 도박업자, 건물주, 성 노동자인가? 엄청난 면면이다.

"오늘은 이 가운데 도박업자와 성 노동자 두 직업에 대해 얘기해보려 합니다. 자, 아무리 그래도 교실에서 도박과 성매매에 관해 큰소리로 논하기는 껄끄럽죠. 기왕 이렇게 된 거 큰맘 먹고 드라이브나 하러 갑시다. 짐을 챙겨 교문 앞에 집합하세요."

그렇게 말하고 선생님은 교실에서 나갔다.

칠판에 적힌 글자는 그대로 방치된 채였다. 우리는 쓴웃음을 지으며 칠판을 지웠다.

"자, 밀실 강의를 시작합시다. 성매매부터 가볼까요?"

키가 2미터에 육박하는 아저씨가 중학생에게 성매매를 설명한다. 뭐라 형용할 수 없는 느낌이다.

"그런데 두 사람은 왜 성을 판매하는 직업이 있다고 생각해요?"

한동안 침묵이 흐른 후, 미나가 말했다. "남자들이 밝혀서."

"그 말대로. 하지만 그러면 성을 판매하는 남성의 경우를 설명하기가 어렵죠. 즉, 미나의 말은 이렇게 바꿔 말할 수 있습니다. 인류가 엉큼해서."

미나는 조금 불만스러운 모양이다. 나로서는 음, 뭐라 말할 수 없는 심정이다.

"물론 성매매를 하지 않는 사람도 있습니다. 하지만 가장 오래된 직업으로 꼽힐 만큼 보편적인 욕구가 있는 것도 사실입니다. 성매매까지는 아니더라도 아름다운 여성이나 멋진 남성이 술 상대를 하는 곳은 산처럼 많죠. 소위 물장사라고 하는. 돈으로 맺은 거짓 관계라고 해도 용모가 아름다운 이성과 기꺼이 친하게 지내고 싶어 하는 사람은 얼마든지 있습니다. 즉 성매매는 인간의 본능에 뿌리를 둔 비즈니스입니다."

선생님은 거기까지 말하고 잠시 말을 멈췄다가 "아, 제가 경솔했군요. 세상에는 동성애자도 많습니다. 이성 간 성매매만 꼽으면 균형이 맞지 않죠. 그들도 본질적인 욕구는 같습니다"라고 덧붙였다.

중학생을 대상으로 수위가 너무 높지 않나? 교실을 빠져나온 것이 정답이었던 모양이다.

"본론으로 돌아가봅시다. 성매매는 세상에 도움이 될까요?"

미나가 "당연히 안 되죠"라고 초속으로 되받아쳤다.

"호오. 왜죠?"

"왜냐니…… 법률 위반이고 좋지 않은 일이니까요."

"미나답지 않게 판에 박힌 대답이군요. 준의 의견은?"

저한테 떠넘기지 마세요.

"그야 가능하다면 없는 편이 낫지 않을까요?"

"윤리적으로 성매매를 부정하는 것은 간단해 보이지만 전혀 그렇지 않습니다. 현재 우리나라에서는 성매매가 범죄입니다. 하지만 성매매특별법이 본격 시행된 것은 고작 2004년, 얼마 되지 않은 일이죠. 그런가 하면 가령 네덜란드 같은 경우 정부가 공인한 장소에서는 영업을 인정하고 있어요."

아니, 그런 나라가 있다니.

"시대를 거슬러 올라가면 서양에서는 귀족을 상대로 하는 고급 창부가 문학이나 오페라의 단골 소재가 되기도 했죠. 가치관은 시대와 장소에 따라 변합니다. 동서고금, 어느 세상을 막론하고 범죄였던 살인이나 절도와는 결정적으로 다르죠."

우리는 선생님의 기세에 눌려 아무 말도 하지 못했다.

"두 사람은 필요악(必要惡)이라는 말을 알고 있나요?"

다그치듯 선생님이 우리에게 물었다. 미나가 지체 없이 "성매매는 필요 없다고 생각합니다" 하고 되받아쳤다.

"그러면 근절하지 못할 정도로 보편적인 니즈가 있다고 바꿔 말해봅시다. 폐인을 양산하는 마약과 달리 성병에 걸리는 문제만 해결하면 성매매는 건강에 해가 없거나, 어쩌면 플러스가 됩니다. 성관계로 수명이 줄어든다면 인류는 70억 명까지 늘어나지 않았을 테지요."

그렇게 거침없이 말하지 마, 이 아저씨야. 미나의 심기가 한층 불편해 보이잖아.

"성매매는 이 세상에서 없앨 수 없는데도 표면상으로는 근절해야 한다는 모순을 안고 있습니다. 없애야 하는 것에 사회적 지위를 줄 수 없다, 그러한 발상으로 대처한 탓에 사태를 제어하지 못하고 있죠. 인간은 욕구에 굴복하기 쉬운 나약한 존재입니다. 필요악으로 인정하고 해를 최소한으로 줄여야 하지 않을까요? 예를 들어 장소와 종사자를 엄격하게 관리해서 일하는 사람의 건강과 인권을 지켜야 합니다. 인신매매를 막고, 약자가 푼돈을 벌자고 성매매에 손을 대지 못하게 해야 하고요. 수입을 파악하고 세금을 걷는 것도 중요하죠. 넓은 의미에서 횡행하는 성매매가 연간 수천억 단위에 달할 테니까요."

정말인가요? 역시 인류는 엉큼한가.

"우리는 성매매를 단호히 부정합니다. 하지만 현실주의자로서 현실을 직시하지 않으면 안 됩니다. 그걸 전제로 다시 묻겠습니다. 만약에 합법이라면 성매매는 세상에 도움이 됩니까?"

미나는 생각 모드에 들어갔다. 나도 골똘히 생각해보기로 했다. 성을 사는 쪽에서야 비싼 돈을 치를 정도니 뭐 즐겁고 기쁠 것이다. 그러면 파는 쪽은 어떨까?

"저, 일하는 사람의 기분은 어떻게 생각하면 될까요? 억지로 하거나, 가난해서 어쩔 수 없이 하는 거라면 아주 불행한 일이니까, 세상에는 마이너스가 되겠죠."

"조건을 엄격하게 합시다. 종사자는 자신의 의지로 성매매를 한다."

파는 사람이 있고, 사는 사람이 있고, 서로 납득한다. 딱히 힘든 사람은 없는 건가. 어렵군.

아니, 힘든 것은 세상 아닌가. 전에 청소년 성매매 실태를 폭로한 방송에서, 얼굴에 모자이크를 한 가출 여고생이 "아무한테도 피해 안 주니까 그냥 내버려둬!"라고 리포터에게 욕설을 퍼붓는 걸 본 적이 있다. 이 대사, 언뜻 듣기에는 반론하기 어렵다. 하지만 "그런 게 있는 세상은 싫다"고 여기는 사람에게는 역시 피해가 된다. 싫다고 생각하는 사람이 많으면 성매매는 민폐다.

아니, 잠깐만. 성매매를 반대하는 사람들이 소수라면 막 허용해도 된다는 말인가. 그것도 아닌 것 같다.

생각이 제자리를 맴돌 때쯤 차가 멈췄다.

"도착했습니다. 좀 걸을까요?"


맞은편 강가에서 불어오는 바람에 햇살과 풀냄새가 뒤섞였다. 제방을 따라 나 있는 산책로를 걷자 사람들이 몸집 큰 이 아저씨를 힐끔힐끔 쳐다보았다. 선생님이 "맑은 하늘 아래서 기분 좋게 논의합시다"라며 기지개를 켰다. 솔직히 화제가 화제인 만큼, 유쾌한 기분은 들지 않았다. 하지만 초여름답게 따사로운 햇살이 비추는 터라, 차 안에서 이야기에 열중하는 것보다는 확실히 나았다.

"준, 생각은 정리되었나요?"

"잘 정리되지는 않았지만…… 성매매는 도움이 되지 않는다고 해야 하나, 세상에 마이너스라고 생각합니다. 일하는 사람이 괜찮더라도, 세상에는 역시 나쁜 영향을 끼치니까요. 없는 편이 좋은 세상이 된다면 없는 편이 낫겠죠."

이거, 너무 빤한 말을 한 것 같아서 스스로도 어처구니가 없다고 생각하는데 선생님이 걸음을 멈추고 크게 박수를 쳤다.

"훌륭해. 미나는 어떻게 생각해요?"

"동의합니다. 아무리 생각해도 나쁜 짓인데다 성매매가 도움이 된다고 생각해야 하는 세상은 싫습니다."

나보다 심플하고 좋은 대답이다. 그래, 싫다, 그런 건.

"미나의 대답도 훌륭하군요. 싫다, 라는 표현은 감정론으로 들릴 위험이 없지 않아 있지만, 사회가 성매매를 허용해서는 안 된다는 가치관에 근거한 견해니까요."

선생님은 우리의 얼굴을 번갈아 보더니 만면에 웃음을 띠었다.

"엑설런트! 내가 쳐놓은 함정에서 잘 빠져나왔어요. 나는 아까부터 쭉 성매매는 세상에 도움이 된다, 성매매를 부정하는 것은 값싼 정의파의 자기만족이라고 유도했습니다. 그런데 두 사람은 거기에 콧방귀도 뀌지 않았어요."

뭐야, 그렇게 세게 나온 게 함정이었어?

"영어로 데블스 애드버킷(devil's advocate)이라는 말이 있습니다. 직역하면 악마의 대변자라는 뜻입니다. 토론과 회의에 쓰이는 테크닉이죠. 본인의 주장과는 관계없이 누군가가 철저하게 반대파를 연기합니다. 그리고 그것을 반론하는 과정에서 논의가 깊어지죠."

누나와 말싸움을 하는 동안 억지가 느는 것과 비슷한 느낌인가.

"자, 내막을 공개한 이유는 이대로 미나에게 미움을 산 채로 있고 싶지 않아서입니다. 어른 중에서도 대변자 역에 진심으로 화를 내는 골치 아픈 사람이 있으니까요."

미나는 눈을 크게 뜨더니 웃으며 손을 내밀었다. 화해의 악수인가?

"내가 허술한 교사이기는 하지만, 어쨌건 교사에게 이의를 제기하고 의견을 굽히지 않다니 훌륭합니다."

"준 덕분입니다. 순서대로 문제점을 들어주었으니까요."

"미나 덕분이에요. 그렇게 화를 내는데 성매매를 찬성한다고는 도저히 말할 수가 없어서."

"어, 뭐야? 다시 해보자는 거야?"

울컥하는 미나에게 내가 "아니, 그게 아니고"라고 허둥대자, 미나가 "농담이야, 농담. 정말 나 냉정하지 못했어. 깜박 속았네" 하고 웃었다.

선생님의 제안으로 우리는 전철이 강을 건너는 철교 바로 앞에 앉았다. 아름드리나무가 그림자를 드리우자 상쾌한 바람이 불었다.

"그러면 추가 질문하겠습니다. 성 노동자는 '훔치는' 사람입니까?"

갑자기 치고 들어오다니. 나는 한참 생각하고 나서 "모르겠습니다. 세상에 도움이 되지 않으니 '훔치는' 존재가 되어야겠지만…… 어딘가 석연치 않습니다"라고 대답했다.

"어느 지점이 석연치 않나요?"

"선생님이 성매매는 없어지지 않는다고 했던 부분이 마음에 걸립니다. 그게 사실이라면 그런 일을 하는 사람은 늘 있는데 그걸 단순히 '훔친다'고 말해도 되는 건지 헷갈립니다."

"그렇군요. 그 말을 내 나름대로 보충할게요. 성매매가 필요악이면, 성 판매는 사회 안에서 누군가가 해야 하는 일이다, 그렇다면 단순히 '훔친다'고 치부하는 건 너무 무책임하지 않은

가? 이런 말이군요."

선생님의 설명이 머리에 쏙 들어왔다. 미나는 어떨까, 하고 돌아보니 굳은 표정으로 고개를 숙이고 몸을 지키듯이 무릎을 꼭 끌어안고 있었다. 방금 전 웃던 모습과 현격히 다른 모습에 나는 동요했다. 선생님이 나를 보며 천천히 고개를 끄덕였다. 눈빛이 기다리라고 말하고 있었다.

"선생님은 도박도 그렇다고 말씀하시는 거군요."

긴 침묵 후에 미나가 입을 열었다.

도박? 그게 왜 여기서 나오지? 선생님은 조용히 웃음 짓고 있었다.

나는 고개를 숙이고 차근차근 생각해보았다. 도박도 성매 매도 이 세상에서 없어지는 편이 나은 것 같다. 하지만 법률로 금지해봤자 없어질 것 같지는 않다. 음, 확실히 비슷한걸. 거기까지 생각이 미치자 나는 화가 치밀었다. 그 말은 부모의 직업으로 고민하는 소녀에게, 네 아버지는 범죄자나 마찬가지라고 하는 말이나 다름없지 않은가? 그런데도 싱글벙글 웃고 있다니. 최악의 인간이다. 나는 선생님을 노려보았다. 눈이 마주치자 선생님은 조용히 고개를 저으며 시선을 미나에게로 향했다. 덩달아 나도 고개를 숙인 미나를 바라보았다.

잠시 후 미나가 천천히 고개를 들어 선생님을 똑바로 쳐다
보았다.

"이어서 듣고 싶어요. 저 혼자 착한 아이 흉내를 내며 아빠
를 비난한 건가요?"

나의 동정을 튕겨내는 듯한 강렬한 눈빛이었다. 내 가슴에
서 분노가 사라지고 그 대신 존경하는 마음이 번졌다.

"여기서 개별 사례로 들어가는 것은 피하겠습니다. 내가 할
수 있는 건 일반론으로서 내 의견을 말하는 것뿐입니다. 그래
도 되겠습니까?"

"네."

두 사람 사이를 비집고 들어갈 수가 없었다. 그런 생각이 들
자 가슴에 찌르르 통증이 일었다. 뭐지. 여태까지 느껴본 적이
없는 감각이다.

"선의와 악의, 빛과 그림자가 있는 것이 세상의 이치입니다.
술을 없애자, 성매매를 없애자, 도박을 없애자. 역사상 이상에
불타오른 정치가나 청년이 행동한 사례는 얼마든지 있어요.
하지만 성공한 예는 드뭅니다. 거의 없다고 해도 과언이 아니
죠. 왜냐하면 사회가 어둠을 안은 채로 달리는 것이야말로 인
간의 본성에 뿌리내린, 변하지 않는 부분이기 때문입니다. 그

러면 우리는 어떻게 해야 할까요? 나는 세컨드 베스트(second best)를 택할 수밖에 없다고 생각합니다. 차선의 길이죠."

선생님은 안경을 벗고 먼 곳을 바라보았다.

"가령 이런 느낌입니다. 평범한 사람들이 사는 밝은 거리에 여기저기 어두운 부분이 남았다. 어둠은 점점이 흩어져 있지만, 모든 사람을 빨아들일 정도로 끌어당기는 힘은 없다. 어두운 부분 바로 그 안에 사는 사람도 있다. 사람들은 어두운 부분을 묵인하되, 책임을 지고 일종의 질서를 유지하는 담당자는 존재한다. 또 미성년자의 성매매처럼 어둠이 빛의 세계에 함부로 나오는 것은 용납하지 않는다."

안전지대와 위험지대를 확실히 구별한다는 뜻인가?

"내가 좋아하는 표현으로 '빛이 있는 곳에 그림자가 있다'는 말이 있습니다. 옛날에는 빛과 어둠의 세계에 빈틈없는 벽이 있었죠. 떳떳하지 못한 돈벌이를 하는 사람들에게는 세상과 동떨어졌다는 자각이 있었습니다. 성매매도 도박도 본래는 그런 종류의 돈벌이, 즉 '어둠' 쪽에 사는 사람들이 하는 생업이었습니다. 보통은 어둠과 접점이 있어도 바로 정신을 차리고 돌아오죠."

"정신을 못 차리면 어떻게 되는데요?"

"망하는 거지요. 술이나 노름으로 신세를 망친 예는 동서고금을 막론하고 얼마든지 있어요. 예로부터 사람들은 그런 이들을 아래로 보는 동시에 두려워합니다. 아래로 보는 건 떳떳한 비즈니스가 아니라고 생각해서 그렇고요, 두려워하는 이유는 그들이 인간의 본성에 뿌리내린 파괴력 있는 생업에 종사하기 때문에 그렇지요."

파괴력인가. 안이하게 손을 뻗으면 안 된다는 말이구나.

"이런 일들은 부분적으로 보자면 유해하다 할 수도 있겠죠. 하지만 겉과 안, 양면이 없으면 인간 세상은 성립하지 않습니다. 우리는 그 부정적인 면도 받아들이지 않으면 안 돼요. 빛과 어둠 양쪽 다요."

"저는 싫어요. 그런 걸 언제, 누가 정한 거죠?"

"누가, 언제 정했다고 생각해요?"

느닷없이 질문의 화살이 나에게 오자 말문이 막혔다. 그건 언제든, 누구도 정할 수 없다.

"아주 오래전부터 자연히 그렇게 되었다……그밖에 말할 수 없는 기분이 듭니다."

"어른이 나쁘다고 외치지 않은 것만도 대단해요. 우리는 늘 늦게 옵니다. 태어났을 때는 완성된 세계가 돌고 있었어요. 누구나 거기에 뒤늦게 참여합니다."

지금의 어른도 옛날에는 갓난아기였다는 뜻이라면 그 말이 맞는지도 모른다.

"사회는 그림자 없이 돌아가지 않습니다. 해악이 더 적은 형태를 추구할 수는 있어도 근절은 할 수 없죠. 즉 그림자도 인간사회에 반드시 필요한 부분을 담당하고 있다. 그걸 '훔친 다'고 단죄하는 것은 무책임하며 오만하지 않을까요?"

질문하듯 선생님이 잠시 말을 멈췄다.

"이것이 내 생각입니다. 한마디로 표현하자면 청탁병탄(清濁並呑)이 될까요. 맑은 물도 탁한 물도 가리지 않고 마신다, 다시 말해 선도 악도 다 받아들이는 것이 어른의 도량이라는 뜻입니다."

정신을 차려보니 벌써 해가 지고 있었다. 나는 무슨 말을 해야 좋을지 몰랐다. 미나는 고개를 숙이고 골똘히 생각에 잠겨 있다. 땅거미가 지는 강변에 무겁고 짙은 공기가 흘렀다.

잠시 후 선생님이 일어섰다.

"슬슬 자리를 정리합시다. 데려다줄게요."

나도 일어났다.

"저는 좀 더 여기에 있을래요."

나와 선생님의 눈이 마주쳤다.

"알겠습니다. 오늘은 여기에서 해산합니다."

나도 남을까 망설이던 그때, 선생님이 "갑시다"라며 내 어깨에 손을 올렸다. 혼자 있게 놔두라는 뜻인가.

차로 가는 도중, 뒤돌아보았을 때도 미나의 시선은 발치에 자라는 풀에 머물러 있었다.

# 전쟁과
# 평화

그날 후, 몇 번인가 미나와 복도에서 부딪쳤지만 어떤 얼굴로 말을 걸어야 할지 알 수 없었다. 미나도 시선을 피하는 기색이었다.

이렇게 어색한 상태로 지내는 것은 싫다. 오늘 동아리에서 만나면 처음부터 다시 시작하자! 그렇게 기합을 넣고 들어갔건만, 2학년 6반 교실에는 덩치 큰 아저씨밖에 없었다.

"아쉬운 소식입니다. 미나가 결석했다고 담임에게 전달이 왔네요."

점심시간에 봤으니까 학교에는 왔을 텐데. 기합을 넣은 만큼 충격도 컸다. 만약에 앞으로 쭉 이 아저씨와 단둘이서만 수업을 해야 한다면 어쩐다지? 너무 싫다.

우리는 누구랄 것도 없이 동시에 교정을 바라보며 한숨을 쉬었다.

"우리끼리 진도를 나갈 수는 없으니 오늘은 제자리걸음을 하듯이 같은 주제로 논의를 이어가볼까요? 준이 흥미로워할 만한 이야기를 해봅시다. 그렇게 말하면 이상한 기대를 할지도 모르겠지만 그쪽 방면은 아닙니다."

"그쪽이 아니면 어떤 방면입니까?"

"전쟁입니다. 우리는 직업에 관해 논의해왔습니다. 따라서 오늘의 주제는 군인입니다. 군인은 '돈을 번다'와 '훔친다', 어느 쪽이라고 생각합니까?"

"네? 병사가 도둑이라는 뜻인가요?"

"도둑이면 그냥 범죄자가 되겠죠. 직업으로서의 군인 말입니다."

"아, '훔치는' 쪽은 아니죠. 소방관이나 경찰관과 경우가 같은 걸요. 돈은 벌지만 모두를 위해 일을 하니까요."

"그러면 군인은 세상에 도움이 된다? 자, 어디에?"

"음…… 아, 지진이나 홍수가 일어났을 때 구조하거나."

"분명 구조는 중요한 일입니다. 하지만 본업은 아니죠. 군인의 본업은 무엇일까요?"

"…… 나라를 지키는 것입니다. 그러려면 때론 전쟁도……."

"맞습니다. 그러면 이어서 묻겠습니다. 전쟁은 선입니까, 악입니까?"

그야 악이죠, 라고 대답하려다 입을 다물었다. 그러면 그 악한 일을 하는 군인도 악한가 하면 그렇지는 않다. 이거, 꽤 어려운 문제구나.

"준, 우리나라 헌법이 제정된 해는 몇 년도인가요?"

뭐야 갑자기. 음. 바로 대답이 나오지 않았다.

"1948년입니다. 1948년 7월 17일에 헌법이 공포되었죠. 아는 바와 같이 그걸 기념한 날이 제헌절이고요. 아무튼 우리 헌법 제5조 1항에는 '대한민국은 국제평화의 유지에 노력하고 침략적 전쟁을 부인한다'라고 되어 있습니다. 오늘날 민주주의 국가라면 공통적으로 채택하는 것이 이 국제평화주의입니다. 하지만 헌법만으로 전쟁이 사라지는 것은 아니죠. 〈이매진 (imagine)〉하고 멋지게 세계평화를 노래해도, 고작 네 명끼리도

제2장 세상에 필요한 것

101

투닥투닥 싸우고 헤어지는 것이 인류니까요."

"네 명이라니, 그게 뭔가요?"

"비틀스(The Beatles)를 모른단 말인가요? 전 인류가 바라기만 하면 내일이라도 당장 전쟁은 사라질 거라고 노래한 록 밴드입니다. 아무튼 현실은 세계 각지에서 크고 작은 분쟁이 계속되고 있고, 다른 나라의 침략을 막아내기 위해 치르는 전쟁은 불가피하기 때문에 국민에게 국방의 의무를 지우고 있죠. 헌법 제39조 1항에 그 의무가 명기되어 있고, 헌법과 법률이 정하는 기간 동안 병역의 의무를 성실히 수행하여야 합니다."

하긴 그렇지.

"전투 행위만이 군인의 일은 아닙니다. 군비를 충실히 마련해놓으면 적국이 개전에 신중해지면서 전쟁을 피하게 되는 경우도 있습니다. 전쟁은 우리 주산반의 척도인 손익계산으로 따져보면 크게 적자입니다. 전쟁과 그것을 담당하는 군인, 둘 다 이 세상에 없는 편이 당연히 낫습니다. 하지만 없앨 수 없습니다. 이것을 필요악이라 부르지 않으면 뭐라 부를까요?"

나왔다, 필요악. 요컨대 성매매와 도박과 전쟁을 나란히 놓는 건가. 아니, 하지만 성매매와 군인을 나란히 놓는 건 너무 이상하다. 화재가 나지 않는 편이 좋지만 계속 나니까 소방관이 있는 것이고, 아빠는 몸을 던져서 위험한 일을 하는 것이다. 군인도 전쟁이 일어나면 소방관보다 훨씬 위험한 상황에 처할 테지.

"하지만 군인과 성매매를 함께 묶다니 너무 심하지 않나요?"

"물론 군인은 직무에 걸맞은 보수와 경의를 받아 마땅한 멋진 일입니다. 하지만 그 역할이 전쟁인 이상, 따지고 들면 그 본업은 이 세상에 마이너스입니다. 전쟁이 없는 평상시조차 군비에 인력과 물품과 돈이 들어가는 단점이 있으니까요."

이치상이야 그렇지만, 여전히 뭔가 납득이 되지 않는다.

"나쁜 나라를 쓰러트리는 전쟁이라면 어쩔 수 없는 것 아닌가요? 좋은 면은 없나요? 나쁜 독재자의 통치 아래 국민이 고통에 시달리는 경우라거나."

"그런 사례가 있을지도 모릅니다. 전쟁이 경제성장으로 이어진 경우도 있죠. 예를 들어 미국의 독립전쟁이 그렇죠. 미국은 원래 영국의 식민지였죠. 그러나 영국이 식민지에 과중한 세금을 걷으려 하자 불만을 품은 사람들이 영국에 대항해 전쟁을 일으켰고, 승리해 독립을 얻어낼 수 있었습니다. 쭉 영국의 식민지로 있었다면 지금의 미국은 없었을지도 모릅니다. 하지만 2003년의 이라크 전쟁처럼, 타국에 개입해서 정치적인 혼란을 야기했다고 국제적으로 비판받는 사례도 있습니다. 각각의 전쟁에는 역사와 시대 상황이 밀접하게 관련되어 있으며 정의의 반대는 다른 정의, 라는 말이 있듯이 평가는 어렵습니다. 그러니 어디까지나 보편적인 가치판단만을 논합시다. 일반론으로서 군인과 군대가 필요악인지 아닌지를 고찰해보는 겁니다."

선생님이 이쯤에서 잠시 쉬었다. 교정에서는 여느 때와 마찬가지로 축구반의 함성이 들려왔다. 구름이 낮게 드리워진 흐린 하늘에 장마의 기운이 소리 없이 다가왔다.

나는 몇 분 동안 내 나름대로 열심히 생각해보고 나서 포기했다.

"생각이 잘 정리되지 않아요. 악이라는 말이 불쾌한 느낌은 들지만."

선생님의 입가에 웃음이 번졌다.

"그 감각을 소중히 여겨주세요. 내가 그 나이쯤이었다면 같은 느낌을 받았을 거예요. 하지만 지금은 그렇지도 않답니다. 왜냐하면 어른들에게는 사회 일원으로서의 당사자 의식이 있기 때문입니다. 악이란 어감이 혐오스러운 이유는 상대를 단죄하는 듯한 감각 때문이죠."

맞다, 자신은 문제 삼지 않고 타인만 욕하는 느낌이다.

"그건 그것대로 괜찮습니다. 준은 아직 중학생이니까요. 하지만 지금도 어딘가에서 누군가가 총을 들고 다른 누군가와 총부리를 겨누는 현실에 어른이라면 일정한 책임을 느끼게 됩니다. 정치가나 군인이 아니라도 말이죠. 이 현실을 외면해서는 안 됩니다."

나는 선생님의 박력에 압도되었다.

"그래서 우리가 전쟁과 군인을 필요악으로 부를 때는 고통이 따르게 됩니다. 나 자신의 수족이 세상에 해악을 끼치고 있다고 인정하는 고통이. 자식 세대에 전쟁이 없는 세상을 물려주지 못했다는 고통이. 왜냐하면 나도 그 필요악을 안고 있는 사회의 당사자이기 때문입니다. 전쟁도 군인도 남의 일이 아닌 셈입니다."

어린 나로서는 이해할 수 없는 감정이다. 게다가 어른이 전부 이런 식으로 생각하지는 않을 것이다. 미스터 골드맨, 보기와 다르게 멋진 어른이구나.

"한편, 현실주의자인 나는 이렇게도 생각합니다. 전쟁은 없어지지 않을 것이다. 우주인이라도 침략해서 인류가 단결하는 순간이 오지 않는 한. 사람들은 서로 증오하고 서로 죽이겠죠. 적어도 앞으로 100년은. 인간은 그렇게 어리석은 존재입니다. 역사가 그것을 증명하죠."

너무나 노골적이면서도 암울한 얘기다.

"비관적이라고 생각합니까? 하지만 각오를 단단히 해두는 편이 좋습니다. 그걸 전제로 세상을 바라보며 살아가야 합니다. 그러면 전쟁과 군인은 우리 사회가 짊어진 업보가 됩니다. 없애려 해도 없앨 수 없는 필요악. 목숨을 걸고 임무에 임하는 군인은 숭고한 직업입니다. 하지만 그 본분을 발휘하는 날이 오지 않는 게 좋죠. 궁극적으로는 없는 편이 낫고."

잠시 한숨을 돌리고 나서 선생님이 나에게 질문했다.

"그들은 세상에 도움이 되는 존재일까요?"

교실이 조용해지고 빗소리가 들려왔다. 드디어 내리는구나.

"남자들의 이야기는 여기까지입니다."

하다가 만 것 같아서 어딘가 떨떠름하지만, 여기서 더 파고들면 '제자리걸음'을 넘어선 것이겠지.

교실을 나가던 선생님이 뒤돌아서서 말했다.

"맞다, 준. 미나를 꼬셔주세요."

네? 꼬, 꼬시라니…….

선생님이 눈을 동그랗게 뜨더니 한숨을 쉬었다.

"동아리에 복귀하라고 설득해달라는 말입니다. 그쪽 방면으로 꼬시는 것은 시기상조로 보입니다."

선생님은 큰 몸을 홱 돌리더니 이번에는 정말로 복도 쪽으로 모습을 감추었다.

제 3 장

보통을
우습게
보지 마

방과 후

# 닮은 부자,
# 닮지 않은 부녀

그다음 주 월요일, 점심시간에 복도를 걷고 있는데 담임선생님이 나를 손짓해서 불렀다.

"어이, 준, 미스터 골드맨으로부터 전달사항. 이번 주 동아리는 쉰대."

아아, 또 미나가 빠진다고 연락이 왔구나. 선생님이 "꼬셔봐"라고 했지만, 나는 그 후로 미나와 얘기 나눌 기회조차 찾지 못했다. 이대로 주산반은 자연 소멸인가.

그다음 날부터 나는 매일 도서관에 갔다. 하지만 미나는 만나지 못했다. 금요일, 오늘도 허탕 치면 주말에 찾아가보리라 생각하면서 문을 열고 들어가는데, 미나의 뒷모습이 눈에 들어왔다. 쿵쿵. 심장이 뛰었다. 신간 코너를 보는 척하며 호흡을 가다듬었지만 미나는 독서에 열중하느라 나를 알아보지 못했다. 나는 심호흡을 하고 나서 미나가 앉은 책상 옆자리에 말없이 앉았다.

미나가 천천히 이쪽을 쳐다보았다. 나는 시선을 느끼면서 똑바로 앞을 바라보았다. 미나가 풋 하고 웃음을 터트렸다.

"준, 이상해."

'꼬셔주세요'라는 말이 귓가에 되살아나며 얼굴에 피가 솟구쳤다. 안 돼. 공격의 방향을 바꾸자. 나는 일어나서 "이쪽으로 와" 하고 미나를 '향토와 학교의 역사' 코너로 불렀다.

책장에서 오래된 졸업앨범을 꺼내서 펼쳤다. 거기에는 후리후리한 체구의 안경 낀 소년이 있었다. 미스터 골드맨이다. 미나의 눈은 '알고 있어'라고 말하고 있었다. 여기까지는 예상대로. 나는 손가락 끝을 첫 번째 줄에 앉은 다른 소년에게 갖다 댔다.

그 얼굴은 기분 나쁠 정도로 나와 닮았다. 미나가 놀란 얼굴로 나와 사진을 찬찬히 비교해 보면서 "DNA는 놀라워"라고 말했다. 네, 본인도 놀랐답니다. 나도 나중에 키가 좀 더 크려나. 앞줄에 앉아 있는 걸 보면 아빠도 작은 편이었으리라.

"너희 아버지도 동급생이었구나."

"세상 좁지. 뭐? 도?"

미나는 "응. 도"라고 말하면서 페이지를 넘겼다. 그리고 다른 반의 맨 뒷줄 왼쪽 가장자리에 서 있는 소년을 가리켰다.

"이 사람이 우리 아빠야."

"뭐!"

놀라게 할 작정이었는데 도리어 내가 놀라고 말았다. 거기에는 도저히 중학생으로는 보이지 않는, 준엄하게 생긴 소년이 찍혀 있었다. DNA란 믿을 수가 없구나.

"선생님은 우리 아빠들이랑 친구였을지도 몰라. 다음에 물어보자."

"안 돼!"

속사포처럼 빠른 거부반응에 나는 깜짝 놀랐다. 미나도 자신의 어조가 너무 강한 것에 놀란 듯했다.

"미안, 안 된다고 말할 권리는 없지만 조금만 기다려. 나한테 생각이 있으니까."

미나의 눈에는 심상치 않은 결의가 담겨 있었다.

"알았어. 우리 아빠한테도 비밀로 해둘게."

영문은 잘 모르겠지만 미나의 박력에 압도되어 나는 그렇게 대답했다. 미나가 "미안. 고마워"라고 손을 모으고 합장하듯 몸을 숙였다. 나는 "괜찮아. 별것도 아닌데"라고 대답하면서 절호의 교환조건을 떠올렸다.

"그러면 대신 한 가지만 약속해줘. 다음 주 동아리 수업에 반드시 오겠다고."

미나는 잠시 생각하다가 생긋 웃으며 오른손 약지를 쑥 내밀었다. 나도 반사적으로 손을 내밀었다.

"손가락 걸었다! 그럼 다음 주에 봐!"

미나는 그 길로 뒤돌아서더니 도서관을 나갔다.

나는 새끼손가락을 구부렸다 폈다 하면서 다시 한번 낡은 졸업 앨범으로 시선을 옮겨, 준엄하게 생긴 소년의 얼굴을 지그시 바라보았다.

# 보통이 세계를
# 풍요롭게 한다

5교시 수업이 끝나자 나는 서둘러 동아리 교실로 달음질쳐 갔다. 제일 먼저 도착해서 기다릴 작정이었지만 미나는 이미 늘 앉던 자리에 앉아 있었다.

"일찍 왔네."

"그쪽이야말로."

우리는 소리 높여 웃었다.

"내가 안 온 사이에 무슨 얘기했어?"

"음. 남자들만의 이야기."

"뭐야, 그게. 재미있었겠다. 무슨 얘기인지 알려줘."

"그건…… 말하기 어려워."

"어. 뭐야, 못됐어."

"오오! 어서 오세요, 미나. 준의 꼬드김에 넘어갔군요?"

선생님이 등장하자 미나는 "그간 죄송했습니다" 하고 고개를 숙였다.

"아니, 용서하지 않겠습니다. 준도 나도 절망감으로 인해 밤에도 잠을 이루지 못하는 나날이 계속되었으니까요."

미나가 웃음을 터트렸다. 나는 한숨을 쉬었다.

"제가 없는 동안 어떤 얘기를 했냐고 물었는데, 준이 심술궂게도 가르쳐주질 않네요."

"속 좁은 앙갚음이로군요. 뭐 한마디로 말하면…… 그렇지, 남자들만의 이야기랄까요?"

이번에는 내가 웃음을 터트렸다.

"그거 준이 방금 했던 말인데요."

미나의 말투가 차가워졌다. 선생님이 껄껄 웃었다.

"나중에 준에게 들으세요. 같은 이야기를 몇 번이나 하는 건 질색이라. 그보다 힘내서 수업을 재개합시다."

선생님이 웃으며 "짝!" 하고 손뼉을 쳤다. 우리는 노트를 꺼냈다. "우리는 다양한 직업을 '번다'와 '훔친다'로 나누거나 세상에 도움이 된다, 도움이 되지 않는다는 기준으로 평가하려고 시도했습니다. 하지만 그렇게 간단히 선 긋기를 할 수 있을 만큼 세상은 단순하지 않습니다. 세상에는 필요악이라 할 수 있는 직업도 존재합니다. 도움이 되지 않는 듯 보이지만 인간의 본성에 뿌리내려서 이 세상에서 도저히 없앨 수 없는 일도 있죠. 가령 나는 성매매가 그 하나의 예라고 말했습니다. 미나는 도박도 그런 범주에 들어가느냐는 문제를 제기했었죠. 복습은 여기까지. 자, 이렇게 보니 우리에게 아무래도 무기가 부족한 것 같지 않습니까?"

확실히 요즘, 생각이 똑같은 곳을 맴도는 기분이 든다.

"그래서 새로운 병기를 투입하려 합니다. 하지만 뉴페이스는 아닙니다. 이미 알고 있는 '받는다'입니다. 이 보조선을 더해서 세상을 나눠보겠습니다."

번다 → 매우 도움이 된다
받는다 → (보통)
훔친다 → 도움이 되지 않는다

엉겁결에 "보통?" 하고 목소리가 새어나왔다.

"네. 보통입니다."

뭐야 느닷없이. 우리는 눈을 마주치며 고개를 갸웃했다. "순서대로 생각해봅시다. 준, 최근에 공원에 간 적 있나요?"

나는 또다시 느닷없다고 생각하면서 "네, 그저께 축구 하러" 하고 대답했다.

"그때, 자기가 버린 쓰레기를 치웠습니까?"

"그야, 뭐. 쓰레기통에 버리기도 하고 가지고 돌아오기도 하고 대충."

"오케이. 미나는요?"

"2주일쯤 전에 저희 반에서 교외 봉사활동 나갔을 때요."

"쓰레기는 어떻게 했습니까?"

"그때 봉사활동이 공원 청소였어요. 다들 쓰레기를 주웠습니다."

질문 의도를 이해하지 못해 혼란스러워하는 우리를 곁눈질로 보며, 선생님은 묘하게 즐거운 듯했다.

"엑설런트! 지금의 예라면 미나는 '벋다', 준은 '받는다'에 해당한다는 것이 내 생각입니다."

"공원을 청소하는 게요?"

선생님이 "아직도 알아차리지 못했나요?"라고 눈살을 찌푸렸다.

"비유군요. 즉, 쓰레기를 버리는 게 '훔친다'는 뜻인가요?"

"역시, 미나. 그리고 공원이 세상입니다."

"그렇다면 공원에 간다든가 돌아오는 것은 어떤 의미가 되죠?"

"공원에 간다가 태어난다, 돌아온다가 죽는다죠."

갑자기 인생이 끝나버렸다. 공원을 갔다 오는 사이에.

"살아 있는 동안에 공원을 깨끗하게 하는 것이 '번다', 더럽게 하는 것이 '훔친다'는 뜻인가요?"

"겨우 이해했군요, 준. 그러면 '받는다'는 어떨까요?"

"다른 사람 것까지 치우지 않아도 되니까, 자기가 버린 쓰레기 정도는 치우라는?"

"네네. 그 선에서, 좀 더 보통이라는 장벽을 낮추고 싶군요. 내가 버린 쓰레기 정도는 스스로 치울 요량으로 공원에 왔다. 하지만 완벽하지 않아도 돼, 할 수 있는 범위만 하면 상관없어. 그리고 컨디션이 나쁘면 차라리 다른 사람한테 맡기지 뭐. 그래도 오케이."

"그게 '받는다'이자 '보통'이라는 거군요."

"맞아요. 부족한 부분은 '버는' 사람들에게 미루는 거죠."

그래도 괜찮을까? 그렇게 함부로 버리다가는 '받는' 사람들의 만행으로 세상이 쓰레기 더미가 될 것 같다.

"논의를 더 명확히 하기 위해, 생각의 축을 '돈'으로 한정시켜봅시다. 그러기 위해 또 다른 새로운 무기를 모실까 합니다."

국내 총생산 = GROSS DOMESTIC PRODUCT

"세상에서 말하는 GDP입니다. 준, 이게 무슨 의미인지 알고 있나요?"

"대충요. 한 나라 안에서 만들어진 상품을 전부 합하면 이정도라고 하는."

"거의 맞혔어요. 상품만이 아니라 서비스도 포함되죠. 전철이나 버스, 호텔, 택배 등등. 누군가가 돈을 지불하고 상품과 서비스를 사면 GDP가 됩니다. GDP는 통상 3개월 단위로 조사해서 경기가 좋은지 나쁜지를 점검합니다. 1년에 한 번, 더 정확한 GDP도 계산하죠. 나리의 경제 실력을 파악하려는 목적이에요."

꽤나 성실히 조사하는구나. 뉴스에서 가끔씩 보이는 이유다.

"사람들이 상품과 서비스를 전보다 많이 생산하게 되면 GDP가 늘어납니다. 이게 경제성장이죠."

오, 경제성장이 그렇게 간단한 거였다니.

"우리 집 맞은편에 있는 떡볶이가게가 작년보다 열 그릇 더 팔면 GDP가 늘어나나요?"

"이론상으로는 늘어납니다. 그런 게 모여서 경제가 됩니다."

떡볶이가 GDP였다고?

"자, GDP는 이렇게 분해할 수 있습니다."

$$GDP = 1인당\ GDP \times 총인구$$

"이 식에서 볼 때, GDP는 어떻게 하면 늘어날까요?"

"한 사람 한 사람이 만드는 상품과 서비스를 늘리든가, 인구를 늘리면요."

"바로 맞았어요. 한 사람 한 사람이 만들어내는 부(富)가 늘어나거나, 인구가 늘어나면 세계가 풍요로워지죠. 인간은 보통의 존재로 살아도 충분히 괜찮습니다."

어, 얘기가 너무 나간 거 아닌가. 미나도 놀란 듯 눈을 크게 뜨고 쳐다보았다.

"너무 비약했다는 건 알고 있습니다. 그렇다면 왜 그런 얼토 당토않은 말을 한 걸까요?"

딩동댕동. 스피커에서 수업의 끝을 알리는 종소리가 울려 퍼졌다.

"벌써 시간이 다 됐군요. 그러면 숙제입니다. '번다', '받는 다', '훔친다'와 공원에 비유했던 이야기, 그리고 GDP를 하나 로 연결해보세요."

교실에서 나가기 직전 선생님은 "숙제는 둘이서 상의해서 하면 어떨까요?"라는 말을 남기고 떠났다.

여느 때와 마찬가지로 칠판을 다 지우자, 미나가 "지난주에 무슨 얘기 했는지 말해줘"라고 했다. 그리고 우리는 한 시간쯤 군인과 전쟁과 필요악에 대한 이야기를 나눴다. 그리고 다음 시간까지 숙제를 하기 위해 작전회의를 열기로 했다.

# GDP와 보통의
# 미묘한 관계

"설탕 몇 개?"

테이블 맞은편에 화사한 남색 원피스를 입은 미녀가 미소 짓고 있다.

"어, 그럼 저도 미나와 같아요."

"아, 러시안티 좋아하는구나. 우리 공주님이랑 같네."

나는 웃음이 터져 나오는 걸 간신히 참았다. 미나가 "그렇게 부르지 마" 하고 입을 삐죽댔다. 어머님이 "실례. 우리 애라고 하면 괜찮겠지? 자, 어서 먹어요" 하고 홍차를 내밀었다.

음. 역시 DNA는 위대하다. 여배우 같은 분위기가 풍겨서 묘하게 긴장되었다.

"우리 애 친구가 집에 오다니 이게 얼마 만이야. 준, 앞으로도 자주 놀러와."

"그거, 집에 보낼 때 하는 대사야." 미나가 퉁명스레 말했다.

호화스런 검은색 가죽 소파에 겨우 앉은 나는 새삼스레 방을 둘러보았다. 넓다. 응접실이라고 들었는데 우리 집 거실보다 족히 세 배는 넓어 보였다. 바닥부터 높다란 천장까지 고정된 유리창 너머로, 형형색색의 수국이 피어 있는 정원이 한눈에 보였다.

"그래, 오늘 숙제한다고? 둘이서?"

"네. 주산반 숙제예요."

"주산? 촤르륵~ 하고 털고 놓기를, 하는 그 주산?"

"그렇긴 하지만 촤르륵은 안 해요."

"어머, 왜?"

미나가 컵을 탁 내려놓았다. 그리고 "이제 방으로 가자" 하고 빠르게 말하더니 벌떡 일어나서 안쪽에 있는 문으로 걸어갔다. 어머님이 눈을 돌리며 나에게 '아차' 하는 표정을 지어 보였다.

"알았다, 알았어. 그럼 천천히 놀다 가렴."


방에 들어간 나는 미나가 권한 큼직한 베이지색 쿠션에 앉았다. 미나는 갈색의 특대 비즈 쿠션에 몸을 파묻고 무릎 위에 노트를 펼쳤다. 짐을 거의 놓지 않는 듯, 방 안에는 아무것도 없었다. 거기에 새하얀 벽까지 거들어서 방이 휑하니 넓게 느껴졌다.

"준, 그날 이후로 뭔가 생각해봤어?"

"조금은. 선생님이 말한 건 '버는' 사람과, 그 정도는 아니지만 '보통' 사람이 늘어나면 어쨌건 세상은 풍요로워진다고 했으니까."

"응. 그래서 생각해봤는데 이거 시험 평균점수랑 닮지 않았어? 가령, 수학 평균점수가 70점인 반에 100점을 받은 전학생이 오면 평균점수가 올라가잖아."

"반 전체 총점이 GDP고 전학생이 '버는' 사람이라는 뜻이야? 그러면 '받는' 건 어떻게 되는데?"

"평균점을 받거나 그보다 좀 더 낮은 점수를 받은 사람?"

"그렇구나. 평균점수가 모두의 행복지수라고 본다면 전교

생의 행복지수가 떨어지지 않게 노력하지 않으면 안 되겠네."

"응. 평균점이 아주 낮은 사람은 '훔친다'가 되니까."

어. 왠지 마음에 걸리는데.

나는 잠시 생각한 후 "하지만 원래 있던 사람 중에도 평균점수보다 낮은 사람이 꽤 있을 텐데?"라고 말했다. 학생이 서른 명인 반의 평균이 70점이라면, 열 명 정도는 평균점수 이하일 것이다.

"평균점수로 보통인지 아닌지를 나누다니 너무 빡빡한 걸."

미나가 "그런가. 그러면 몇 점을 맞으면 보통 안에 들어가는지 정해야 하는 건가, 낙제점을 받으면 아웃이라거나" 하고 말했다.

이거 다시 선 긋기 문제로 돌아간다.

벽에 부딪힌 느낌이 들던 그때 "똑똑" 하고 문 두드리는 소리가 났다. 미나가 한숨 섞인 목소리로 "들어와요"라고 대답하자, 쟁반을 든 어머니가 만면에 웃음을 띠며 들어왔다.

"슬슬 당분을 보충해야지, 안 그러면 머리가 안 돌아."

쟁반에는 오렌지 주스와 과일케이크가 놓여 있었다. "고맙습니다." 머리를 숙이는 나에게 어머니는 "아유, 아니야" 하고 대답하면서 세 사람이 딱 정삼각형을 이루는 위치에 다소곳이 앉았다. 잠깐 동안의 침묵. 미나가 다시 한숨을 쉬었다.

"엄마, 간식은 고마운데 좀 나가주면 안 될까?"

"어머, 너무해. 잠시만 끼워주라. 괜찮지? 준."

이건 내 짧은 인생 경험으로는 도저히 풀 수 없는 양자택일 문제다.

"숙제라서 우리끼리 하지 않으면 안 돼."

"또 매정한 말을 하네. 아무한테도 말 안 할 테니까. 응? 준."

저에게 의견을 구하지 마세요. 미나가 어머니의 열성에 두 손 들었는지, 케이크에 손을 뻗었다.

"정말로 주판으로 촤르륵~ 하지 않네. 뭐 하는 거니?"

나는 흘깃 미나를 보았다. 난 몰라, 하는 표정이다.

"어, 저희는 돈에 관해 다각도로 생각해보는 동아리예요. 지금 하는 숙제는…… 'GDP와 보통'이라는 주제입니다."

"GDP라니 그 GDP? 신문 같은 데서 나오는? 그리고 뭐라고, 보통?"

"좀 더 설명하자면 선생님이 보통 사람이 사회에 참가해야 세상이 풍요로워지고 GDP가 늘어나는 데 중요하다고 하셨는데…… 왜 그런지를 생각해보는 것이 숙제입니다."

"흠. 별로 재미있을 것 같지는 않네."

"아니요, 그렇지 않아요. 의외로 재미있습니다"라고 내가 대답하자, 어머니가 놀란 표정으로 "얘, 너도 재미있어?"라고 물었다. 미나가 어깨를 으쓱했다.

"다만 지금은 생각이 벽에 부딪혀서."

"어디에서?"라고 어머님이 물었지만 어디에서 막혔는지조차 분명하지 않았다.

"보통이란 걸 시험으로 설명하면 평균점수를 받는 사람이라고 생각했는데 그러면 온통 보통 이하의 사람이 되어버려요. 그래서 좀 더 보통의 기준을 느슨하게 해야 하는데, 그게 얼마나 늘려야 하는지가 분명하지 않아서……."

어머님이 잠시 생각하더니 "역시 재미있을지도 모르겠다, 이상한 동아리지만"이라고 말한 후 "그런 거라면 저마다 다르지 않을까, 돈벌이나 결과는. 어느 점수 이하는 '실격!'이라고 한다면 숨 막힐 거야"라고 덧붙였다. 그리고 앉은 자세를 바로 하고서 "그러면 슬슬 나이 든 사람은 물러갈 테니, 나머지는 젊은 사람끼리……" 하고 내게 미소 짓고는 바람처럼 사라졌다.

어안이 벙벙해하는 나를 보고 미나가 말했다. "미안, 엄마가 좀 이상하지."

"재미있으신걸."

"오늘은 평소보다 더하네."

나는 얼음이 녹기 시작한 주스를 한 모금 마시고 말했다. "하지만 좋은 힌트를 얻었어. 저마다 다르다고 했지. 평균점수가 몇 점까지니 선을 긋는 게 아니라 보통인지 아닌지는 저마다 달라도 된다고. 너무 무책임한가."

미나가 케이크를 손으로 나누면서 "하지만 그게 맞을지도 몰라" 하고 웃었다.

# 자기 자리를
# 지킨다는 것

"그러면 작전회의의 성과를 확인해볼까요? 미나, 결론부터 부탁드립니다."

장맛비를 머금은 무거운 공기에도 아랑곳하지 않고 선생님이 쾌활하게 말을 꺼냈다.

"네. 보통의 상태와 GDP의 관계는 확실하지 않다는 것이 우리의 결론입니다. '버는' 사람이 GDP를 늘리고 '훔치는' 사람이 줄이는 것은 확실합니다. 그렇지만 '받는' 사람에 대해서는 정의할 수 없어요."

"과연. 그러면 준, 그런 결론에 다다른 경과를 설명해주겠어요?"

"우리는 처음에 시험의 평균점수와 1인당 GDP가 비슷하다는 선에서 논의를 시작했습니다. 하지만 평균점수가 되어야 겨우 보통으로 인정받는다면, 반에서 보통 이하인 사람, '훔치는' 사람이 너무 많아집니다. 그건 너무 빡빡하지 않나 해서. 결국 열심히 하면 결과는 저마다 달라도 된다는 결론에 이르렀습니다."

미나를 보자, 고개를 가볍게 끄덕여주었다.

"오, 과연. 그러면 저마다 다르다는 견해는 세상이 풍요로워진다, 경제가 성장한다는 주제에 어떤 영향을 미칠까요?"

영향이라고? 선생님은 창가로 다가가더니 운동장에 시선을 주었다. 누구 하나 콕 짚지 않는 걸 보니 둘이서 차분히 스스로 생각해보라는 뜻인가.

몇 분 후, 미나가 손을 들었다. 선생님이 손을 흔들며 어서 말하라는 시늉을 했다.

"저마다 다르다는 건 할 수 있는 범위에서 자기 일을 착실히 한다는 의미입니다. 모두가 게으름 부리지 않고 착실히 일하면 '버는' 사람과 '받는' 사람이 협력해서 '훔치는' 사람의 구멍을 메우고 세상이 풍요로워진다고 생각합니다."

오오. 깔끔하게 정리됐다. 큰 박수 소리가 울려 퍼지고 나도 덩달아 손뼉을 쳤다.

"좋아요. 두 사람이 방금 한 일련의 정리는, 결론부터 들어가서 논거를 제시하고 그 영향을 고찰하는, 군더더기 없는 의견 발표의 패턴을 그대로 따랐군요."

그렇구나. 아니, 그 패턴에 빠질 수 있게 순서대로 질문한 건가?

"사람마다 다르다, 좋은 말입니다. 하지만 어디까지나 게으름을 부려서는 안 되며, 사람마다 달라야 합니다. 그런 의미에서 이렇게 표현하면 어떨까요?"

## 자기 자리를 지킨다

"나에게 주어진 역할을 책임지고 해낸다. 바꿔 말하면 해야 할 일을 하지 않는 사람은 틀렸다는 뜻입니다. 저마다 다르다. 음, 아주 적당하면서 멋진걸요. 적당히 좋다는 게 내가 바라는 겁니다. 까놓고 말해서 이건 어차피 돈에 관한 얘기니까요."

진짜로 툭 까놓고 말하네, 이 아저씨가.

"버는 돈의 액수로 인간의 존재 의의를 잰다는 건 어리석은 이야기입니다. 인간에 대한 모독이죠. GDP가 늘어나느냐 줄어드느냐로 인간을 재단해서는 안 됩니다. 그런 것과 보통은 관계가 없습니다. 돈벌이가 얼마 이상이라면 보통이라느니 그런 기준은 없는 겁니다."

속은 시원하지만, 그래도 되는 걸까?

"하지만요, GDP에 마이너스인 사람까지 보통에 넣으면 '훔친다'와 무슨 차이가 있는지 헷갈리는걸요."

선생님은 "그런가요?"라고 차갑게 대답했다.

"두 사람은 부모님 지갑에서 돈을 슬쩍한 적이 있습니까?"

"네? 아니요, 없습니다, 그런 짓을 하다니요."

뭐야, 아닌 밤중에 홍두깨라더니. 미나도 어이없는 질문이라는 듯 고개를 흔들었다.

"저는 있습니다. 열두 살 때 아버지의 지갑에서 만 원짜리 한 장을 슬쩍했죠. 이 얘기는 부디 비밀로. 들키면 죽거든요."

"그렇게 무서운가요, 아버님이."

"아니, 무서운 건 어머니입니다. 그래서 아버지의 지갑에 손 댄 거죠."

지금 내가 뭐라는 거야.

"그럼 준, 부모님에게 용돈을 받겠죠."

이번에는 고개를 끄덕였다. 미나도 선생님이 묻기 전에 "네"
하고 짧게 대답했다.

"그러면 이런 사고실험(머릿속에서 생각으로 진행하는 실험 - 옮긴이)
을 해봅시다. 준이 어머님의 지갑에서 무단으로 용돈에 맞먹
는 돈을 슬쩍했다. 그런데 마침 그달, 어머니가 준에게 용돈 주
는 걸 깜박했다. 고로 어머님의 주머니에 손해는 없다."

"에이, 그래도 멋대로 가져가면 안 되죠."

"그렇군요. 그러면 보통의 용돈과 멋대로 빼가는 돈의 차이
는 무엇입니까?"

손해 보는 것도 없다고 하니 할 말이 없다.

"주기로 한 사람에게 돈을 받는 것이 '받는다'이고 멋대로
가져가는 것이 '훔친다', 그런 건가요?"

"역시 미나야. 맞습니다. 양자의 본질적 차이는 경제에 플
러스가 되느냐, 마이너스가 되느냐가 기준이 아니라 '합의의
유무'입니다. 그리고 세상에는 '버는' 사람, '받는' 사람, '훔치
는' 사람 사이에 큰 차이가 있다는 것이 내 생각입니다. 세계
의 부를 늘리는 '번다'는 아주 파워풀한 행위입니다. '받는다'

와 '훔친다' 정도의 부를 벌어들이니까요. 그리고 '받는다' 중
에는 GDP에 그 나름대로 플러스가 되는 사람과 받기만 하는
사람이 포함됩니다. 나는 여기에 해당되는 사람을 전부 보통
이상이라고 생각합니다."

"그러면 우리도 보통입니까?"

"네. 반대로 묻겠는데 보통이 아니면 어떤 사람이라고 생
각하죠?"

그야 보통 중학생이고 보통이겠지. 하지만 장벽이 너무 낮
지 않나?

"미나, 뭔가 하고 싶은 말이 있어 보이는군요."

"보통에 들어가서 기쁘지만, 너무 만만하달까…… 받기만
하는데도 보통에 들어가면 게으름 부려도 된다, 라고 들립니
다."

"그런가요? 준도 동의하는 걸로 보이는군요."

"네, 대충은."

"그렇군요. 그러면 내 의견을 말해볼까요? 나는 '보통이 최
고다, 보통을 깔보지 마라'라고 말하고 싶습니다."

꽤나 도발적이네요.

"그러면 숙제로 키워드를 하나씩 제시하죠. 다음 시간까지

각자 내 의견과 키워드를 연결시켜서 생각을 정리해 오세요."

준 – 생활보호
미나 – 장애인


선생님이 "그러면 다음 주에 봅시다" 하고 교실을 나갔다.
우리는 가만히 칠판을 바라보다 누구랄 것도 없이 동시에 칠
판지우개를 들었다.

방과후

# 인간다운 생활을
# 할 권리

"진짜 뭐 저런 인간이 다 있대."

텔레비전을 보던 엄마가 포테이토칩을 입에 넣으면서 중얼거렸다. "저 인간 말하는 것 좀 봐, 최악이야." 누나가 포테이토칩에 손을 뻗으며 말했다. 화면에는 '기초수급 받으며 호화 생활!'이라는 자막이 나왔다. 잘나가는 개그맨의 어머니가 오랜 세월 기초생활수급자로 부정 수급을 받으면서, 돈을 모아 고급 아파트를 샀다는 내용인 모양이다.

"우리한테도 저런 고급 아파트는 꿈 중의 꿈인데."

"온통 이런 일들뿐이라 요새 재미있는 개그맨을 봐도 흥이 안 난다니까."

아니, 어제 텔레비전 보면서 정신없이 웃다가 방귀까지 낀 사람이 누구시더라.

방송은 기초생활보장제도 부정 수급의 실태로 이어졌다. 실제 기초생활수급자 아저씨가 등장해서 돈을 받아 아침부터 술을 마시거나 도박판에 줄을 서는 모습이 화면에 적나라하게 펼쳐졌다.

"기초생활보장제도는 대체 왜 있는 거야?"

"그야, 가난한 사람이 굶어 죽지 않게 하려는 거 아닐까?"

"하지만 굶어 죽을 것 같지도 않은 사람이 저렇게 많이 받아가는데?"

"그래서 부정 수급이라고 하잖아."

이때 누나가 "헌법으로 정해졌어"라고 대화에 끼어들었다.

"방금 텔레비전에서 설명해줬잖아. 헌법 제34조인가에 국가는 어려운 사람을 도와야 한다고 명시되어 있다고."

나는 소파에 누운 채 검색을 시작했다.

헌법 제34조:
모든 국민은 인간다운 생활을 할 권리를 가진다.


인간다운 생활이라. 굶어 죽지 않는다고 다가 아니구나.

생활보호의 근간은 세금일 텐데, 세금을 많이 내는 사람이 '번다', 기초수급을 받는 사람은 '받는다', 부정 수급이 '훔친다'. 대략적으로 말하면 이렇게 될까?

미나의 주제는 장애인이었다. 장애가 있어서 거동이 불편하다면, 나라에서든 정부에서든 모두가 나서서 도와주어야 한다. 기초생활수급자를 포함해서 그런 사람들을 '보통이 아니다'라며 내버리는 건 이상하다. 선생님은 그렇게 말하고 싶은 것이리라. 미나도 같은 생각일까?

# 자본주의 · 사회주의 · 민주주의

"과연. 준의 의견은 잘 알았습니다. 부정 수급이 '훔친다'라고 깨달은 건 어느 부도덕한 연예인 가족 덕분이군요. 훌륭한 교사는 멸종될 위기에 처해 보기가 힘드니, 반면교사(反面教師, 사람이나 사물 따위의 부정적인 면에서 얻는 깨달음–옮긴이)로부터 많이 배우세요."

교단에 선 몸으로서 먼저 바꿔보는 건 어떠하신지?

"다음은 미나, 부탁해요."

"준이 말한 대로, 거동이 불편한 사람을 나라에서 돕는 제도는 필요하다고 생각합니다. 중증 장애를 가진 사람을 보통에 넣는 건 찬성입니다…… 그렇지만 저는 조금 납득이 되지 않는 점이 있습니다."

"호오. 어떤 점이?"

"선생님은 '받는다'와 '훔친다'의 차이가 합의의 유무라고 하셨습니다. 하지만 모두가 언제 지금의 제도에 합의했죠? 적어도 저는 그런 기억이 없습니다."

뜻밖의 지적에 나는 놀랐다.

"재미있는 관점이로군요. 두 사람이 생각해온 주제는 '복지'라는 말로 집약됩니다. 그 역사를 둘러보고 미나의 의문에 맞는 대답을 찾아봅시다."

우리는 노트를 폈다.

"복지는 근대국가 아래서 발달된 비교적 새로운 제도입니다. 연금과 의료보험, 그리고 생활보호 등이 대표적인 예지요. 복지국가가 성립되기 전까지는 어려운 사람들이 가족, 왕, 종교단체 등에 의지하는 수밖에 없었습니다. 이를테면 이슬람교에서는 가난한 자에게 베푸는 것이 신자의 의무죠. 교회나 절에서도 밥을 지어 빈자와 병자에게 나눠주기도 하고요."

"왜 그걸 나라가 대신해주게 되었을까요?"

"요인은 두 가지입니다. 먼저 인류가 풍요로워졌죠. 특히 식량 생산의 폭발적 증가는 복지국가의 큰 원동력이 되었습니다. 맬서스(Thomas Malthus, 영국의 인구통계학자이자 정치경제학자 - 옮긴이)라는 학자는 '토지에는 한계가 있어서 수확할 수 있는 식량에는 한계가 있다. 고로 지구상에 늘어나는 인구에도 한계가 있다'는 학설을 제창했습니다. 하지만 이제는 먹거리가 남아돌 정도로 포식의 시대가 되었습니다. 지구 반대편에 굶어 죽는 사람이 있는 것과는 별개의 문제로요."

우리는 먹고 남은 음식을 거리낌 없이 버리고 있어.

"식량 생산의 효율이 올라가고 남은 일손이 농촌에서 도시로 이주했습니다. 여기에 이른바 산업혁명이 더해지고 경제성장이 가속화되었죠. 과학의 발전으로 의료 기술도 발달했습니다. 그 결과 인간의 수명이 늘어나서 노인이 늘어나고 연금과 같은 구조가 필요하게 되었어요. 전부 뭉뚱그려 한마디로 요약하자면, 세계가 풍요로워졌고 다른 사람을 도울 여유가 생긴 거죠."

여유가 없으면 다른 사람을 도울 수가 없겠지.

"복지국가가 발달한 또 하나의 요인은 '냉전'입니다."

"냉전이라니, 제2차 세계대전 후에 시작된 그거 말인가요?"

"그렇습니다. 미국을 맹주로 하는 자유주의 진영과 소련이 이끄는 사회주의 진영이 반세기 가까이 패권을 다투었죠. 두 사람에게는 역사 교과서 안에서 일어난 일이겠지만, 우리 세대에게 냉전은 세계를 지배하는 강한 굴레였습니다. 정치와 경제만이 아니라 소설과 영화 등의 바탕에도 냉전 구도가 있었죠. 어린 시절에는 나도 언젠가 미국과 소련의 핵전쟁에 죽을지도 모른다고 생각했을 정도니까요."

솔직히 전혀 와 닿지 않았다. 미나가 "그것과 복지가 무슨 관계가 있습니까?"라고 따져 물었다.

그렇다, 의외의 연결이다.

"순서대로 설명하죠. 먼저 자유주의경제의 심장은 이전에 말했던 '시장'이며, 그 근본원리는 경쟁입니다. 기업과 개인이 경쟁함으로써 새로운 부를 창출하는 시스템입니다. 그에 비하여 사회주의는 시장과 경쟁에 대항합니다. 경제 제도에서 되도록 시장원리를 배제하죠. 상품의 생산량을 나라가 정하고 상품의 가격도 공정가격. 근로자 임금도 나라에서 정합니다."

"굉장히 번거로워 보이는데, 그런 짓을 왜 하는 겁니까?"

"빈부의 차이를 낳지 않기 위해서입니다. 모두 평등하게 일해서 평등하게 나누어 가지면 탐욕스러운 자본가와 빈곤에 허덕이는 노동자가 생기지 않을 테니까요. 하지만 그게 뜻대로 되지 않았습니다. 소련은 공산당 독재하에서 사회주의를 70년 넘게 유지했지만, 결국에는 붕괴되었죠. 실패한 첫 번째 이유는 준비 부족입니다. 러시아는 농업국에서 한발 먼저 사회주의로 이행했습니다. 본래 사회주의는 자본주의가 발전하고 나서 등장해야 하는데 중간 과정을 뛰어넘어버렸죠. 두 번째 이유는 지도자의 폭주와 관료의 부패입니다. 소련에는 제2차 세계대전을 사이에 두고 30년간 스탈린(Joseph Stalin)이라는 독재자가 군림했습니다. 그는 반대 세력을 말살하는 공포정치로 수백만 명이니 수천만 명이니 하는 사람들을 학살했습니다. 스탈린 사후에도 지도자와 고급 관료들은 국민의 행복을 나 몰라라 하고 특권을 탐냈지요."

"저, 들은 내용만 보면 전혀 사회주의답지 않은데요."

"미나가 말한 대로입니다. 그래서 소련의 붕괴는 사회주의의 패배가 아니라는 의견도 있습니다. 하지만 개인적으로는 너무나도 사회주의다운 실패라고 생각합니다. 자본주의는 부의 분배를 시장에 맡기는 데 반해, 사회주의는 분배를 개인과 특정한 집단에 맡기죠. 정치가와 관료가 청렴결백하다면 행복하겠지만 그건 불가능합니다. 권한이 집중되면 반드시 부패가 일어나거든요. 권력의 속성이 그렇습니다. 인간은 그런 권력을 추구하는 존재이지요."

그런 존재인가요?

"실패한 세 번째 이유는 냉전의 비용 때문입니다. 사회주의는 본래 세계 동시 혁명을 지향하는 운동이었습니다. 1848년에 출판된 마르크스(Karl Marx)의 『공산당 선언』에 나오는 유명한 마지막 구절은 '만국의 노동자여, 단결하라'입니다. 세계적으로 그게 단번에 가능하다면 모두가 노동자가 되고 적은 사라지겠죠."

그렇구나. 왠지 불가능한 소리처럼 들리는데.

"현실에서는 제2차 세계대전 후, 사회주의 진영이 이른바 '철의 장막'을 사이에 두고 자유주의 진영과 대립했습니다. 핵무기 등 끊임없는 군비 확대 경쟁은 경제에 큰 부담을 주었어요. 후에 밝혀진 데이터에 따르면, 군비 확대 경쟁이 절정일 때 소련은 GDP의 30% 전후를 군사 관련 비용에 투입했다고 합니다. 거의 광기에 가깝다고 볼 수 있죠. 결국 소련의 경제는 거덜이 났습니다."

선생님이 잠시 말을 멈추고 우리를 바라봤다. 여기까지는 겨우겨우 이해했다.

"이어서 자유주의 측의 스토리에 눈을 돌려봅시다. 복지와 보통이라는 우리의 주제에서 보자면 이쪽이 본론이겠죠. 냉전기는 미국과 소련의 양 진영 모두 정보의 왕래가 심하게 제한되어 있었습니다. 특히 소련 진영에서 미국 진영으로 빠져나오기가 쉽지 않아서, 영국의 수상 처칠(Winston Churchill)은 '철의 장막'이라 풍자하기도 했습니다. 단단한 철로 만들어진 커튼이 가리고 있다면 그야말로 칠흑 같은 어둠만 있겠죠. 들여다볼 수도 없을 겁니다. 그래서 당시에는 양 진영 모두 늘 상대편에 질지도 모른다는 공포에 사로잡혔어요. 미국 진영에서 두려워한 것은 혁명이었습니다. 그래서 미국에서는 전쟁 전후에 걸쳐 공산주의가 탄압받았습니다."

혁명이라니. 뭔가 멋진걸!

"이 혁명에 대한 공포심이 복지의 확충을 부추겼습니다. 사회주의는 노동자의 천국으로, 의료도 교육도 공짜여서 비인간적인 자본주의와는 천지차이라고 일컬어졌죠. 그러다 보니 미국 진영에서도 이상주의적인 학자와 청년들은 거의 사회주의에 경도되었습니다. 그러한 흐름에 '아니야, 우리도 복지를 버리지 않았어, 충실히 마련해놨어!' 라고 대항할 필요가 있었습니다. 정치가가 선거에서 이기기 위한 씨뿌리기로 복지정책을 이용한 면도 있죠. 이것이 복지가 충실해진 배경입니다."

과연. 어려운 사람을 돕자는 선의만은 아니었구나.

"정리하면 먼저 남을 도울 여유가 사회에 생겼습니다. 게다가 혁명의 방지와 사회질서의 유지라는 압력을 배경으로 복지국가는 발달했죠. 거기에는 역사적 필연성이 있었기 때문이지, 하루아침에 지금과 같은 모습이 된 것은 아닙니다."

설명이 일단락된 모양이다. 우리는 잠시 머릿속이 차분해지기를 기다렸다.

"자, 미나의 의문으로 돌아가볼까요? '받는다'와 '훔친다'의 차이는 합의의 유무입니다. 하지만 미나에게는 가장 중요하다고 할 수 있는, '합의한 기억'이 없다고 했죠. 내 대답은 '인간은 늘 뒤늦게 온다'는 표현으로 대신하겠습니다. 인간은 이미 한 사회에 태어나서 그것을 받아들이는 지점에서 시작하는 수밖에 없습니다."

미나가 "그런 거라면 어쩔 수 없다는 뜻인가요?"라고 물었다.

"늦게 온 멤버는 일단 합의가 됐다고 간주합니다. '일단'이라는 표현이 핵심입니다. 불만이라면 규칙을 바꾸면 됩니다.

그것이 민주주의입니다. 두 사람 다 어려운 사람을 돕는 걸 반대하지는 않겠죠. 문제가 있다면 복지정책에 꼬여든 부정 수급 같은 예에 어떻게 대응하느냐, 입니다."

아침부터 도박하러 가는 아저씨나 그 연예인 가족처럼? 그건 정말로 용서할 수 없다.

미나가 "부정한 짓을 저지르지 못하게 기초수급 받는 사람을 엄격하게 선별하면 어떨까요?"라고 말했다.

"그것도 한 방법이겠지만 나는 반대합니다. 복지 혜택을 받는 사람은 사회적 약자입니다. 정말로 어려운 사람과 거짓으로 기만하는 약삭빠른 사람 중에 요령이 좋은 사람은 후자입니다. 선별조건을 너무 까다롭게 하면 약삭빠른 사람은 법망을 빠져나가도 약자는 튕겨 나갈 위험이 높아집니다."

"그러면 어떻게 하면 될까요?"

"조건을 까다롭게 하는 대신, 일단 받아들이고 나서 감시하는 것이 내가 생각한 방안입니다. 범죄와 얽히거나, 집단으로 공모하거나 브로커가 개입하는 조직적 부정 수급의 감시를 철저히 하고 처벌은 엄히 하되 개인 차원에서 저지르는 작은 부정 수급은 그냥 내버려두는 거죠. 애초에 그런 건수가 많지도 않으니까요. 그런 게으름뱅이들은 내버려두고 기업이나 사람들처럼 '버는' 측을 지원하여 부의 증대에 힘을 쏟는 겁니다."

'내버려둔다'라. 그건 그것대로 멋진걸.

"오늘은 여기까지 하겠습니다. 다음 시간에는 사회 견학을 가려 합니다. 수업이 시작하는 시간에 집에 갈 준비를 마치고 교문 앞에 집합하세요."

선생님이 교실을 나가고 우리가 칠판을 지우는 사이에 수업의 끝을 알리는 종이 울렸다. 외출이라. 다음 주에 또 러시안 티를 얻어먹을 수 있을까?

# 제 4 장

# 나는 어디에
# 속하는 사람?

# 일한다는 것

벤츠는 공장과 창고가 밀집되어 있는 외곽 부근에서 고속도로를 빠져나와 한 공장의 드넓은 주차장으로 미끄러져갔다. 장마가 걷히고 에어컨이 켜진 차 안에서 밖으로 나오자, 숨 막힐 듯한 열기가 온몸을 감쌌다. 올여름도 더울 것 같다.

천장이 높은 1층짜리 건물 현관에 들어서자 접수 창구 옆에서 아저씨가 다가왔다.

"오, 왔구나."

선생님보다 머리 하나 정도 작았지만 이 사람도 제법 덩치가 큰 편이다.

"미안, 무리한 부탁을 해서."

"섭섭한 소리 하지 마. 이 정도쯤이야."

"안녕하세요." 미나가 인사했다. 나도 황급히 "안녕하세요" 하고 인사했다.

"네, 안녕하세요. 이렇게 먼 곳까지 오느라 고생했어요. 자, 갑시다, 가요."

우리는 아저씨를 따라 걸으며, 건네받은 비닐 모자와 마스크를 썼다.

"여기가 분류하는 곳. 좀 시끄러울 거예요."

철문을 열자마자 커다란 기계 작동음이 우리를 휘감았다. 통로의 좌우 컨베이어벨트가 접시처럼 생긴 물건을 실어 날랐다. 새하얀 것도, 알록달록한 것도 있었다. 얼마 동안 걷자 쓰레기봉투가 산처럼 쌓인 곳이 나왔다. 그 옆에는 열 명도 채 안 되는 사람이 모자와 마스크를 쓰고 모여 있었다. 아저씨는 "여기에서 재활용될 재료를 분리합니다. 쓰레기에서 물건을 골라내기도 하죠" 하고 큰 소리로 말했다.

우리는 얼굴을 마주보았다. 나는 "여기는 무슨 공장인가요?"라고 큰 소리로 물었다. 아저씨가 놀라서 눈을 크게 뜨고 돌아보자 선생님이 어깨를 으쓱했다. 아저씨는 "작업을 다 봤으면 장소를 옮깁시다" 하고 외치고는 리더로 보이는 아주머니의 어깨를 가볍게 쳤다. 아주머니가 귀마개를 빼고 두세 번 고개를 끄덕이더니 손목시계를 가리켰다. 아저씨도 덩달아 고개를 끄덕였다.

그러고 나서 5분가량 견학 시간을 가졌다. 그 모습은 기계적이며 분명히 말해서 지루한 작업이었다. 봉투에서 플라스틱 접시를 꺼내어 색이 있는 것과 없는 것을 분리하여 컨베이어 벨트에 올리고 마구 뒤섞여 있는 쓰레기는 손으로 꺼냈다. 그 동작이 작업하는 내내 계속되었다. 나는 금세 지루해졌는데, 작업하는 사람들은 조금도 흐트러지지 않고 내내 집중하며 일했다. 일이란 정말 쉬운 게 아니다.

아저씨가 눈짓을 해서 우리는 원래 왔던 통로로 돌아왔다. 문을 빠져나오자마자 소리는 사라지고 도리어 귀가 멍해졌다.

"야, 우리가 뭘 하는지 정도는 미리 말해줬어야지."

"선입관이 없어야 재미있게 볼 것 같아서."

아저씨는 고개를 좌우로 흔들더니 다시 우리를 보고 싱긋 웃었다.

"요 앞에 휴게실이 있는데 주스라도 마실까?"

자판기에서 우리는 주스, 어른들은 커피를 사고 파란 플라스틱 벤치에 앉았다.

"어땠어, 방금 본 분류 작업은?"

"…… 굉장히 시끄러웠어요." 내가 대답했다. "그 일을 하루 종일 하다니, 힘들어 보여요." 미나가 이어서 대답했다. 아저씨가 웃으며 고개를 끄덕였다.

"무엇을 하는지는 알겠죠? 우리는 식품트레이를 만드는 회사입니다. 슈퍼마켓에서 고기나 야채 따위를 올려 담는 그거. 우리가 본 작업은 재활용할 수 있는 재료를 선별하는 중요한 공정으로, 휴식과 교대를 번갈아가며 하루에 여섯 시간 정도 그 작업을 합니다."

그 단순 작업을 여섯 시간이나! 일이란 정말 쉬운 게 아니다.

"기계로는 안 됩니까?"

"불가능한 건 아니지만 채산이 맞지 않아요. 인간이 더 정확하죠."

"그러면 여기에서 문제 나갑니다. 이 공장에는 특징이 하나 있습니다. 무엇일까요?"

뭐야. 지나치다 싶을 정도로 평범한 공장으로밖에 안 보이던데.

"힌트가 없으면 맞히기 힘들 테니 질문을 세 개만 받죠."

우리는 등을 돌리고 소곤소곤 의논하기 시작했다.

"뭐야, 여기 그냥 흔한 공장 아니야?"

"그럴걸. 만드는 물건도, 기계도."

"이거 수업과 관계가 있는 문제일 텐데." 미나가 말했다.

"아, 그런가. 그러면 특징은 일이나, 일하는 사람과 관계가
있겠네."

내가 "그건 일하는 사람과 관계가 있습니까?"라고 첫 질문
을 하자 아저씨가 "잘 알고 있네" 하고 놀랐다. 선생님은 의기
양양한 표정이다.

"좋아, 일단은 출발이 좋은걸."

"하지만 여기서부터 전혀 모르겠어요."

"음. 일하는 사람이 보통 아주머니랑 보통 아저씨뿐이었어."

나는 다시 생각에 잠겼다. 보통이지만 어딘가 특별한 데가
있을 텐데.

"미나, 이거 얼마 전에 내준 숙제와도 관계가 있지 않을까?"

"그런가. 생활보호와 장애인과 보통이었지."

"공장에서 일하니까 생활보호와는 관계가 없겠고."

이번에는 미나가 "혹시 장애인과 관계가 있습니까?"라고 질문했다. 아저씨는 깜짝 놀라며 "어이, 정말로 아무 말도 하지 않았어?" 하고 선생님에게 물었다. 그리고는 점점 더 흥미로워하며 "다음이 마지막 문제입니다. 바로 맞혀주세요"라고 말했다.

우리는 다시 작전회의에 돌입했다.

"보통 그렇게 생각하면 방금 전에 본 사람들이 장애인이라는 뜻이잖아. 하지만 얼핏 봐서는 알 수가 없으니…… 귀가 들리지 않는 걸까?"

"아닐걸. 다들 귀마개를 했잖아."

자세히도 봤다, 미나.

"그러면 말하지 못하는 사람일까?"

"그럴지도."

내가 "일하는 사람들은 말을 못 하는 장애가 있는 분들입니까?"라고 마지막 질문을 했다.

"응, 거기까지 잘도 생각했네. 대답은 노(no)지만, 말을 잘하지 못하는 분들인 거 맞아."

"오, 큰 힌트. 다음에는 바로 정답을 맞혀야지."

"틀렸구나. 질문 한 개 남기고 정답이라고 생각했는데."

"하지만 선생님이 방금 큰 힌트라고 말했어."

"…… 말을 잘하지 못한다니, 혹시 지적 장애인이 아닐까?"

"하지만 일을 할 수 있을까. 보통은 부모들과 쭉 같이 생활하지 않나?"

"방금 했던 작업이라면 훈련을 통해 할 수 있을 것 같아."

"…… 그럴지도. 좋아, 그걸 마지막 답으로 정하자. 미나, 답을 말해."

미나가 두 아저씨를 향해 "이 공장의 특징은 지적 장애인들이 일하는 곳이라고 생각합니다"라고 똑바로 말하자 아저씨가 "오!" 하고 소리를 질렀다.

선생님이 엄지를 척 올리고 우리는 손뼉을 쳤다.

"와, 잘 맞혔어요. 대단해요, 대단해."

"어떻게 알았냐면 지금 동아리에서 복지를 주제로 수업이 진행되고 있거든요."

"그래도 대단해요. 다시 설명하면 우리는 지적 장애인, 그것도 꽤나 중증 장애가 있는 사람을 많이 고용하고 있습니다. 직원의 10%가 장애인이에요."

"보충하면 10%란 것은 굉장히 많은 거예요. 법적 의무는 3% 정도니까요."

"자, 뭐든 질문이 있으면 대답해줄게요."

"왜 그렇게 장애인을 많이 고용한 건가요? 보수가 싼가요?"

"급여는 장애가 없는 사람과 거의 같아요. 보수가 낮아서가 아니라 그분들이 우수해서 고용했어요."

우수하다니, 뜻밖의 대답이었다.

"두 사람, 방금 전에 본 일을 매일 여섯 시간씩 하라고 하면 어떨 것 같아요?"

역으로 질문을 받고 우리는 눈을 마주쳤다.

"솔직히 힘들 것 같습니다……."

"응, 단순 작업은 정신적으로 힘든 일이에요. 단순하면 할수록 더 힘들죠. 하지만 지적 장애인은 익숙한 작업을 반복하는 작업에 엄청난 집중력을 발휘하죠."

그런가. 하지만 왠지 장애를 이용해서 일을 시키는 것처럼 느껴지기도 한다.

"준, 뭐 하고 싶은 말이라도 있는 표정이군요."

으. 잘도 보셨네요, 남의 안색을.

"그…… 뭐랄까…… 장애인인데 너무 힘든 일을 하는 게 아닌가 하는 생각이 들어서."

어물거리며 말하자 아저씨가 웃으며 연신 고개를 끄덕였다.

"그렇게 느끼는 것도 이해합니다. 하지만 조금만 생각해봐요. 만약에 그 사람들이 일하지 않고 집이나 시설에만 있다면 과연 행복할지. 그보다 자기가 잘하는 일을 해서 세상에 도움을 주고, 남들만큼 보수를 받으며 일하는 편이 더 행복하지 않을까요?"

나는 골똘히 생각해보았다. 미나도 생각 모드에 들어갔다. 아저씨가 이어서 말했다.

"일하는 동안 성취감과 충실감도 느끼지만, 건강한 사람도 힘들 때는 힘들어요. 각자가 자기의 일을 하며 기쁨과 고통을 느끼는 것이 일이라고 생각합니다."

자기 자리를 지킨다는 말인가.

"덧붙여 말하면 방금 전에 아저씨가 말한 대로 이 회사는 중증 장애가 있는 사람에게 통상 수준의 임금을 지불하고 있습니다. 이건 아주 드문 케이스예요. 지적 장애인은 일할 곳을 찾기가 아주 힘든 게 현실이거든요. 물론 무슨 활동이든 사회와 접점을 갖고 일하는 기쁨을 아는 것이 무엇보다 중요합니다. 게다가 중증 장애가 있는 사람들이 남들과 똑같은 보수를 받는다는 건, 우리가 생각하는 이상으로 의미가 있어요. 일이란 자부심이나 사는 보람과 깊은 관계가 있으니까요."

선생님이 말을 마친 그때, 리더로 보이는 아주머니가 이쪽으로 다가왔다. 내가 꾸벅 고개를 숙이자, 아주머니는 마스크를 턱 언저리로 내리고 빙그레 웃었다. 50세를 막 넘겼을까? 아주머니는 우리 앞을 지나 바로 옆 재떨이가 마련된 벤치에 자리를 잡았다.

"아, 방금 전에는 실례했어요."

아주머니는 담배를 문 채로 전혀 문제없어요, 라는 느낌으로 손을 휘휘 저었다. 멋있는 아주머니다. 선생님이 "두 사람 뭐 질문하고 싶은 거 없어?"라고 배턴을 넘겼다.

"장애인 분들의 일솜씨는 어떤가요?"

미나가 묻자 아주머니는 재떨이로 담배를 비벼 끄고 우리를 흘깃 보더니, 연기를 풍성하게 뿜으면서 탁한 목소리로 말했다.

"보통이야."


"어땠어요, 두 사람?"

고속도로 입구를 빠져나올 때쯤, 선생님이 입을 열었다. 바로 말이 나오지 않았다.

"꽤 인상적이었던 모양이군요. 멀리 나간 보람이 있었어요.

마지막으로 보충하겠습니다. 그 공장에서는 장애인이 장애가 없는 사람 못지않은 보수를 받는다고 말했죠. 그것은 최저임금에 가깝다는 의미입니다. 월급으로 따지면 150만 원 정도, 연봉으로는 2000만 원 정도겠죠. 우리나라의 1인당 GDP는 약 3500만 원 정도입니다. 즉 우리 식으로 말하자면 그들은 '버는' 사람이 아니라 '받는' 사람에 해당됩니다."

숫자에만 주목하면 그렇게 되나.

"받는 측인 그들은 보통으로 불릴 가치가 없을까요?"

우리는 다시 입을 다물었다. 차가 익숙한 동네로 들어올 때쯤, 옆에 앉은 미나가 창밖을 바라보며 "보통이 최고야, 보통을 깔보지 마"라고 나직이 속삭였다.

# 달걀을 알면
# 세상이 보인다

"그러면 오늘도 힘내서 가봅시다. 오늘은 '번다', '받는다', '훔친다'에 관해, 또 필요악에 관해 생각을 정리해봅시다."

선생님이 칠판에 한쪽으로 기울어진 달걀처럼 생긴 그림을 그렸다.

"이 그림은 세상 전체를 표현합니다. 왼쪽 위가 부의 증대를 담당하는 '번다'. 한가운데가 '받는다'. 이 안에는 '번다'에 가까운 사람이나 '받는다'에만 속하는 사람도 있습니다. 바닥은

'훔친다'로 부를 슬쩍하는 부류. 가로줄은 빛과 그림자의 경계선입니다. 그저 단조로운 선과 악 혹은 일반인과 범죄자의 경계가 아니죠. 왼쪽의 필요악 부분은 그림자에 속하지만 '받는다'에 들어갑니다. 그림 오른쪽에는 빛에 속하지만 '훔친다'가 있고요. 나쁜 은행가 등이 여기에 해당됩니다. 가장 밑바닥은 도둑, 사기꾼, 마약 비즈니스 등등의 범죄자가 있습니다."

"그 왼쪽 부분에 성매매나 군인이 들어갈까요?"

"내 생각으로는 그렇습니다. 도박류도 필요악에 들어갑니다. 다시 확인해볼까요? 이건 부를 낳는, 돈을 늘린다는 관점에서 분리한 그림입니다. '번다'가 '받는다'보다 나은 것은 아

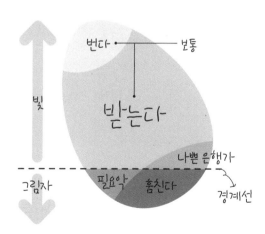

닙니다. 누가 부를 늘리느냐, 이른바 손해 득실로만 나눈 세계입니다."

미나가 "사채업자는 어떤가요?"라고 물었다.

"그쪽은 판단을 보류합니다. 좀 더 나중에 논의합시다."

이어서 선생님은 우리가 익히 알고 있는 리스트를 칠판에 썼다.

교사

곤충학자

빵집 주인

사채업자

도박업자

건물주

회사원

은행가

성 노동자

아무것도 보지 않아도 완벽하게 머릿속에 들어 있구나.

"이렇게 보면 이들이 달걀 그림의 어디에 속하는지 보이지 않나요?"

대충은. 거의가 '번다'나 '받는다', 즉 보통인가.

"예를 들어 곤충학자. 비즈니스를 하는 것이 아니라 지적 수준을 끌어올려서 인류에 공헌합니다. 돈이라는 기준으로 보자면 '받는다'에 들어가겠지만 정글에 들어가서 새로운 종을 찾는 것은 위험하고 고된 일입니다. 표본 만들기나 논문 작성도 쉽지 않죠. 좋아서 한다고 해도 말입니다. '번다'가 아니라고 해서 일의 존엄성이 훼손되는 것은 아닙니다. 연구성과를 농업에 응용시킴으로써 경제 효과에 큰 영향을 미치기도 하지만 그저 보통의 곤충학자는 그렇게 돈을 벌지 못한다는 뜻일 뿐입니다."

파브르 선생님은 '받는' 사람이었구나.

"'버는' 빵집 주인이 있는가 하면 '받는' 회사원도 있습니다. '버는' 은행가가 있는가 하면 '훔치는' 은행가도 있죠. 이건 사람마다 다를 것입니다. 케바케. 자, 그리고 눈치챘겠지만 사채업자 못지않은 거물이 남았죠."

건물주인가. 왠지 직접 일하지 않으면서 엄청나게 돈을 벌어들이는 느낌이다.

"미나, 건물주에 대해 어떻게 생각하나요?"

미나가 깊은 생각에 돌입했다. 오늘도 축구부는 구호와 함성을 지르고 있다. 7월에 들어서며 기온이 부쩍 올라서 교실에는 후텁지근한 공기가 흘러넘쳤다. 햇살이 따가워도 바깥에 있는 편이 더 기분 좋을 것 같다.

"건물주는 '받는다'라고 생각합니다." 미나가 겨우 입을 열었다. 전에는 건물주가 세상에 도움이 되지 않는다고 말하더니, 생각이 바뀌었나 보다.

"하지만 땅을 많이 갖고 있으면 수입이 꽤 많을 텐데요."

"그래도 '받는다'입니다. 일하는 건 집과 땅을 빌린 사람들이고 그 사람들이 번 돈으로 세를 받는 거니까요."

과연. 그렇게 생각할 수도 있구나.

"'번다'가 앞에 있는 점에 주목했군요. 아주 흥미롭네요."

여기에서 선생님이 칠판을 한 번 지우고 다시 단어 세 개를 썼다.

번다
받는다
훔친다

"우리는 돈을 얻는 세 가지 방법에 대해 어느 정도 결론에 도달했습니다. 두 사람 다 이 단어들을 보는 시선이 제법 달라지지 않았나요?"

정말로 그렇다. 특히 '받는다'에 대해.

"여태까지 해온 논의를 토대로 다음 주제에 관해 생각해보겠습니다. 사채업자와 건물주에 관해서도 더 깊이 고찰해봅시다. 자, 돈을 입수하는 방법에 관해 두 사람이 했던 말 중에 남은 두 가지는 무엇이었죠?"

"…… 하나는 '빌린다'였습니다."

"또 하나는 '불린다'였고요."

"서민 대표는 '빌린다', 부자 대표는 '불린다'라니, 나이스 콤비 플레이였습니다. 그런데 이쯤에서 두 사람의 의견을 듣고 싶습니다. 알다시피 1학기 동안 남은 수업시간은 다음 한 번 뿐입니다. 나로서는 기세를 살려 여름방학에도 계속하고 싶은데, 어떤가요?"

"찬성합니다." 나는 지체 없이 대답했다. 끝장을 보지 않고 도중에 그만두는 게 싫었고, 무엇보다 미나와 방학 기간에도 만날 수 있다. 미나도 "네" 하고 대답했다.

"그러면 여름방학에 속행하는 걸로. 시간은 월요일 오전 9시로 할까요? 그 시간대가 그나마 시원할 테니까. 일정이 조정되었으니, 기다리고 기다리던 숙제 나갑니다."

선생님은 호주머니를 뒤지더니 교탁에 바둑돌을 놓듯이 탁, 하고 뭔가를 내려놓았다. 500원짜리 동전이었다.

"숙제는 '빌린다'입니다. 나한테서 돈을 빌리는 방법을 생각해 오세요."

뭐야, 그게.

"건투를 빕니다." 선생님은 동전을 도로 집어 들고 교실을 나갔다.

방과 후

# 전 재산은
# 2,700원

나는 지금 손바닥에 있는 돈을 보고 있다.

2,700원. 몇 번이나 세어봐도 2,700원이다. 이게 전 재산인가. 위험한데. 무슨 말이 하고 싶은가 하면 돈을 빌리는 숙제가 너무나도 절실하다는 뜻이다. 내일모레 기다리던 만화책 신간이 나온다. 지금, 당장, 누군가에게 진심으로 빌리고 싶다.

"엄마, 나 5,000원만 빌려줘."

부엌으로 달려간 나는 곧바로 후회했다. 왜 누나가 있지. 평소에는 부엌에 얼씬도 안 하더니.

"뭐야, 그것도 없어? 내가 빌려줄까? 이자는 일주일에 1,000원이면 돼."

"누나한테 부탁 안 해. 엄마, 빌려줄 거지?"

"세상에, 용돈이 벌써 다 떨어졌어? 어쩔 수 없지, 어디에 쓸 건데?"

"여기저기. 뭐에 쓰든 상관없잖아, 그냥 다음번 용돈에서 빼."

"미리 빌리면 나중에 또 힘들어져."

"그러면 세뱃돈 받아서 돌려줄게."

"흠. 반년이나 뒤잖아. 그러면 엄마도 이자 받을 거야."

"내가 이자 없이 빌려줄까?"

웬일이지? 나는 그제야 누나의 얼굴을 똑바로 쳐다보았다. 지금 마시고 있는 우유가 상하기라도 했나?

"단, 조건이 있어. 네 카드게임 빌려줘."

세뱃돈으로 산 거다. 무진장 재미있다. 가족끼리 할 때는 누나도 끼워주지만, 빌려주는 건 금지다. 보통은 숨겨놓는다.

"친구들이랑 하고 싶어. 그거 하면 분위기가 살잖아. 한 달 안에 무사히 5,000원을 돌려주면 나도 고스란히 돌려줄게. 단,

한 달이 지나도 돈을 갚지 않으면 내가 갖는 게 조건이야."

"거절하겠습니다. 아, 엄마도 조건을 생각해봐."

"그래. 그러면 여름방학 동안 설거지하기는 어때?"

"그거라면 이자 1,000원을 내는 편이 낫겠다."

"어머, 눈치챘니?"

부엌에서 아하하하하하, 웃음소리가 울려 퍼졌다. 이거야 원, 숙제하기도 쉽지가 않다.

# 돈 빌리는 방법,
## 가르쳐드립니다

탁, 탁, 탁, 둔탁한 소리가 울리고 교탁에 동전과 지폐들이 나란히 놓였다.

"자, 돈을 빌리는 방법이 숙제였습니다. 가볍게 준비운동을 해볼까요? 준, 이 100원을 나한테서 빌려보세요."

"저, 100원만 빌려주세요." 급한 대로 직구를 던져보았다. 선생님이 "호, 왜죠?"라고 반응했다. 역시 역할극을 하자는 건가?

"지금 100원짜리가 모자라서…… 아, 음료수를 사려고요.

바로 갚을게요."

"네, 여기 있습니다." 선생님이 100원짜리 동전을 내밀었다. 내가 엉겁결에 받아서 책상에 돌려놓으려고 하자 선생님이 고개를 가로저었다. 뭐하는 거지? 나는 100원짜리 동전을 호주머니에 넣었다.

"다음은 미나. 이번에는 1,000원입니다."

미나는 "네" 하고 대답하고 일어서더니 "1,000원을 빌려주시겠습니까? 다음 주 이 시간에 반드시 갚겠습니다"라고 말하고 정중히 인사했다.

잠깐의 정적이 흐른 후, "네, 여기 있습니다" 하고 선생님이 1,000원짜리 지폐를 미나에게 건네주었다. 미나가 그 돈을 필통에 넣었다.

"어? 준, 그 표정은, 뭐 불만이라도 있습니까?"

"편애하는 거 아닙니까? 저한테 빌려줄 때는 그렇게 질문 공세를 하더니."

선생님이 집게손가락을 똑바로 세우더니 내 얼굴 앞에서 까딱까딱 흔들었다. 짜증나.

"전혀 이해하고 있지 않군요. 돈을 빌린다, 혹은 빌려준다는 행위의 본질을. 미나는 정중히 일어서서 부탁했고 갚겠다는 의사도 명확하게 밝혔습니다. 앉은 상태에서 좀 빌려줘요, 라고 거만하게 손 내미는 사람과는 천지차이죠. 봐요, 고작 100원 빌려주고 유세다, 라고 얼굴로 티를 내잖아요. 100원을 우습게 여기는 자는 100원으로 눈물을 흘리게 됩니다. 돈을 빌리고 빌려주는 사이에는 독특한 긴장 관계가 흘러요. 설령 100원, 1,000원이라도 말이죠. 친구끼리 돈을 빌리고 빌려주는 것을 경계하는 금언이나 경구가 많은 이유는 빚에 우정을 흔드는 파괴력이 있기 때문입니다."

예전에 2,000원을 빌리고 나서 누나와의 관계가 한층 악화된 것은 확실하다.

"미나가 부탁하는 태도는 아주 훌륭했어요. 빚이라는 행위를 뒷받침하는 것은 따지고 보면 빌리는 사람의 신용입니다. 신용을 얻는 태도가 빚의 기본이죠."

찍소리도 할 수가 없었다. 나는 분한 마음에 "그런 건 어디에서 배웠어?"라고 미나에게 물었다.

"할머니한테 호되게 야단맞은 적이 있어. 테니스라켓이 갖고 싶어서 돈을 빌려달라고 가벼운 마음으로 부탁했는데, 그럴 때는 자세를 바로하고 고개를 숙이라면서."

"훌륭한 교육입니다. 본론으로 돌아가면 준에게는 또 한 가지 불리한 조건이 있었습니다. 준이 가난하고 미나가 부자라는 사실입니다."

세상에, 무슨 그런 가당치도 않은 말을. 편애는 물론이고 완전히 차별이 아닌가?

"그 얼굴, 뭔가 오해하고 있군요. 나는 가정 환경을 말하는 게 아닙니다."

"아니, 지금 분명히 우리 집이 가난하다고 말했잖습니까?"

선생님이 다시 집게손가락을 까딱까딱 흔들었다. 오늘 정말 짜증난다.

"그건 피해망상입니다. 내가 말한 것은 두 사람의 개인 소지금입니다. 준, 세뱃돈은 저금했나요? 어차피 진즉에 다 쓰고 매달 용돈을 받아서 빠듯하게 살고 있겠죠?"

우리 집에 도청기라도 달아놓은 것일까?

"급소를 찔렀군요. 그러면 미나. 세뱃돈, 얼마나 남았습니까?"

미나가 곰곰이 생각하더니 "절반쯤?"이라고 대답했다.

와아.

"봐요, 준은 가난하고 미나는 부자잖아요."

다시 찍소리도 할 수 없었다.

"일반적으로 보자면 남성은 돈에 관해 허술하고 여성은 야무진 편입니다. 실제로 개발도상국에 보급된 마이크로 파이낸스(Micro finance, 미소금융)라는, 빈곤층을 대상으로 하는 소액 융자가 있습니다. 노벨평화상을 받은 방글라데시의 그라민 은행(Grameen Bank)이 유명하죠. 그라민 은행의 고객은 거의가 여성입니다. 남자는 빚을 떼어먹고 도망치거든요. 물론 다 그런 건 아니지만 여성보다 확률이 높은 건 확실해요. 남자는 신용하기가 힘들어요."

심한 편견 같기도 하고 아닌 것 같기도 하고.

"준비운동은 끝. 드디어 실전입니다. 5,000원의 빚에 도전합니다. 상환기한은 1주일 후. 그러면 준, 여기 있습니다."

나는 바로 미나가 하던 대로 일어나서 "5,000원을 빌려주세요. 다음 주에 갚겠습니다" 하고 고개를 숙였다. 미나가 쿡쿡 웃었다.

"호오. 왜죠?"

"사고 싶은 책이 있는데 돈이 부족합니다. 다음 주 초에 용돈을 받으면 200원의 이자를 붙여서 갚겠습니다."

"어차피 만화 신간이겠죠. 용돈을 받을 때까지 기다리면 어떨까요?"

"당장 읽고 싶습니다. 누나에게 카드게임을 빌려주고 받은 돈으로 200원의 이자는 보충하겠습니다."

선생님이 호탕하게 웃으며 "좋습니다. 그러면 여기에 사인을" 하고 셔츠 주머니에서 한 장의 종이를 꺼냈다.

---

## 차용증

미스터 골드맨

1, 나는 귀하에게 돈 000원을 빌렸습니다.

2, 상기의 빚에 대해 1주일 후에 일괄 변제합니다.


xxxx년 x월 x일

주소 : _____

성명 : _____

---

뭐야 이거⋯⋯. 나는 선생님의 얼굴을 쳐다보았다. 오늘은 다른 날과 마찬가지로 앉아 있기만 해도 이마에 땀이 흐르는 한여름 날씨지만, 그와는 다른 종류의 식은땀이 겨드랑이 아래로 흘러내렸다.

"무슨 문제라도 있나요? 아주 일반적인 차용증서인데요."

그런 말을 하다니, 당연히 태어나서 처음 봤지.

"거기에 주소와 이름을. 날짜까지 부탁해요."

어쩔 수 없다. 나는 시키는 대로 이름을 적었다.

"네. 그러면 약속한 대로 5,000원, 빌려드리겠습니다."

우리는 5,000원짜리 지폐와 차용증서를 교환했다. 오, 미션 클리어인가.

"준, 잘했어요, 라고 말하고 싶지만 빵점입니다."

선생님은 차용증서를 좌르륵 펼치더니 내 앞에 갖다 댔다.

"금액이 빠졌어요. 이렇게 대충 쓰면 어떻게 합니까? 뭐, 이번에는 눈감아주죠. 5,200원으로."

"네? 5,000원이 아니고요?"

"이자까지 써넣으면 금리를 따로 기재하지 않아도 되잖아요. 다음 주 이 시간까지 돌려주세요."

"설마 정말로 빌리는 건가요?"

"그래야 실감나고 재미있죠."

"…… 정말로 이자를 받으려고요?"

"그래야 실감나고 재미있다니까요?"

이제 아무 말도 하지 않으리라…….

"1주일에 4%라는 고리를 내는 작전으로 멋지게 과제를 해냈습니다. 이자를 내고 돈을 빌린다. 전형적인 '빌리는' 행위입니다. 그리고 나는 돈을 빌려줌으로써 돈을 '불렸고'요. 서로가 행복하죠."

나는 그렇게 행복하지 않은데요.

"그러면 다음에는 미나 차례입니다."

미나는 "네" 대답하고 가방에서 뭔가를 꺼냈다. 아웃도어 스타일의 흰색 디지털시계다. 멋진걸.

"5,000원만 빌려주시겠습니까? 1주일 후에 돌려드리겠습니다. 그사이에 이 시계를 갖고 계셔도 상관없습니다. 돈을 갚지 못하면 드릴게요."

선생님이 손에 들고서 "오, 이게 그 인기라는 베이비지(Baby-G) 시계인가요? 상태도 좋으니 아무리 싸게 팔아도 20,000원은 나가겠군요"라고 품평했다. 그 말인즉슨, 원래는 10만 원도 넘는 모양이다.

"좋아요. 그러면 금리는 얼마로 할 거죠?"

"없는 걸로 하면 안 될까요?"

"그러면 나한테는 아무런 메리트도 없는걸요."

"알겠습니다. 그러면 50원으로 하겠습니다."

선생님이 미나의 눈을 빤히 보더니 "100원이겠죠"라고 반박했다.

쩨쩨하다, 쩨쩨해. 이 아저씨야.

잠시 뜸을 들이고 나서 미나가 고개를 끄덕였다.

미나는 건네받은 차용증서를 훑어보고 금액과 주소, 이름을 기입했다.

"네, 완벽하군요." 선생님이 5,000원과 차용증서를 교환하려고 하자, 미나가 "보관증서를 주시겠습니까? 시계요"라고 말했다. 선생님이 고개를 젖히고 "이거, 이거" 하며 작은 메모장을 꺼냈다. 미나가 그 메모를 받아들고 "고맙습니다. 소중한 시계라서요" 하고 웃으며 자리에 앉았다.

선생님의 박수 소리가 교실에 울려 퍼졌다.

"퍼펙트. 금리 협상과 보관증서의 청구가 탁월했습니다. 지금과 같은 수법을 담보의 차입이라고 합니다. 이 경우는 손목시계의 가치가 담보가 되므로 떼어먹힐 리스크가 줄어듭니다.

돈을 받지 못해도 시계를 팔면 빌려준 사람은 손해를 보지 않죠. 예로부터 어느 전당포든 그 시스템은 동일합니다. 두 사람 전당포가 뭔지 알고 있나요?"

우리는 눈을 마주치고 고개를 설레설레 저었다.

"아, 시대가 멀어져 가누나. 옛 소설을 보면 가난한 사람들이 소지품을 차례차례 돈으로 바꾸는 장면이 나옵니다. 작가 도스토옙스키도 결혼 반지, 아내의 옷, 신발, 모자 따위를 전당포에 맡기곤 했다지요. 뭐, 그의 소설 『죄와 벌』에서는 주인공이 그러다 전당포 노파를 죽여버리긴 하지만요."

우리는 멍한 표정으로 설명을 들었다.

"그런데 전당포나 전당표도 모르면서 보관증서를 달라고 한 겁니까?"

"할머니께 물어봤더니 빚을 대신해서 뭔가 건네주면 돼, 그 대신 위탁 증서를 반드시 받아둬, 라고 하셨어요."

"빚의 역학을 숙지하고 있군요. 자, 결과를 다시 살펴봅시다. 준은 5,100원을 빌리고 다음 주에 5,300원을 돌려준다. 이자는 200원. 미나는 6,000원을 빌리고 6,100원을 갚는다. 이자는 100원. 신용력과 협상력의 차이가 금리 부담에서 여실히 드러났습니다."

네네, 말씀하신 대로입니다.

"여기서 시점을 바꿔봅시다. 나는 두 사람에게 총 1만 1,100원을 빌려줬습니다. 여기에 이자가 300원 붙는다. 1주일에 3%가 조금 안되죠. 나쁘지 않은 금리입니다."

나쁘지 않은 금리를 실제로 받으니 나쁜 교사라고.

"이것이 '불린다'입니다. 돈이 돈을 낳는 마법. 두 사람은 '빌린다'로 일시적으로 돈을 얻었습니다. 하지만 결국에는 내 돈이 불어나죠. 이렇게 오늘의 거래는 '빌린다'와 '불린다'라는, 떼려야 뗄 수 없는 관계의 본질을 보여줍니다. 참고로 빚을 떼어먹는 것은 '훔친다'입니다."

떼어먹을까…… 라고 생각하자마자, 차용증서가 눈앞에서 팔랑거렸다.

"뭐, 설령 심보 고약한 인간이 떼어먹으려고 해도 나는 아무렇지도 않지만요. 요 아래 '빚 반환이 늦어지는 경우, 부모님에게 알려서 용돈을 차압할 수 있다'고 되어 있죠?"

나는 눈을 크게 뜨고 너무 작아서 보일락 말락 하는 글자를 바라보았다.

"계약서에 사인할 때는 세심한 주의를. 좋은 공부가 되었겠죠, 저렴한 수업료로."

으, 이제 아무 말도 하지 않으리라……. 선생님이 미나의 손목시계를 흘긋 보았다.

"마침 슬슬 마칠 시간이군요. 이번 주는 여기까지 하겠습니다. 다음 주부터는 드디어 여름방학이니, 어디 에어컨 바람이 나오는 장소를 물색해보겠습니다. 그러면 기다리고 기다리던 숙제인데……."

그렇게 말하면서 선생님은 교탁 위에 놓아둔 작은 가방에서 선글라스를 꺼냈다. 금테에 렌즈 위쪽에서 아래쪽으로 서서히 색이 옅어지며 눈이 어렴풋이 보이는, 한마디로 품위가 없어 보이는 물건이다. 동그란 안경을 벗고 선글라스로 잽싸게 바꿔 끼더니 맨 앞줄 책상에 양반다리를 하고 털썩 주저앉았다. 그리고 내려다보듯이 우리를 노려보며, 빈 책상으로 종이뭉치들을 던졌다.

그것은 지폐다발이었다.

우리는 두꺼운 돈다발들을 바라보았다. 미나의 눈이 '진짜지?'라고 물었다. 나도 '진짜 같아' 하고 눈으로 대답했다. 목소리가 나오지 않았다.

선생님이 "진짜다"라고 선언했다. 갑자기 웬 캐릭터 변경?

"빳빳한 새 지폐로 1000만 원인데, 이게 숙제다. 1000만 원을 1년 동안 이 몸에게 빌려 보라고. 그리고 오늘처럼만 수업에 임해주길 부탁한다. 그럼 없는 지혜를 열심히 짜보기를."

의문의 말투를 사용하며, 미스터 골드맨은 마치 영화 주인공처럼 돈다발을 가방에 다시 집어넣고 일어섰다. 마지막으로 "우린 답을 찾을 거야, 늘 그랬듯이"라고 말하고는 어깨를 으쓱하더니 사라졌다.

방과 후

# 숙제는
# 빚지기

다음 작전회의를 우리 집에서 열자고 제안한 것은 미나였다. 아니나 다를까, 누나가 훼방을 놓더니 엄마까지 참견하여 우리는 어느새 끝말잇기 게임을 하고 있었다.

"자, 이제 숙제를 하려고 모였으니 방해하지 말고 나가."
"어머, 방해라니 너무해. 미나, 나 방해돼?"
"아니에요, 말도 안 돼요. 저야말로 방해를 해서."

"그렇게 물으면 누가 방해된다고 대답해? 됐으니까 나가."

"나가라고? 여기는 내 방이기도 한데? 너 뭐야?"

"그만들 해라, 손님 앞에서. 평소처럼 싸우지 말고! 간식 가져올 테니까."

엄마가 방에서 나가고 누나는 자기 책상에 앉았다. 어차피 귀를 쫑긋 세우고 듣겠지만 나는 작전회의에만 집중하기로 했다.

"준, 뭐 좋은 아이디어라도 생각해냈어?"

1000만 원을 1년 동안 빌린다니. 너무 현실감이 없어서 아무 생각도 나지 않았다.

"이자를 붙여서 1년 후에 갚으면 되지 않을까? 빌릴 만큼 빌린 다음 세뱃돈으로 이자를 붙여서 갚는 거야."

미나가 "그거 완전히 손해 보는 장사인데?" 하고 웃었다. 그러면 이자는 그 아저씨가 통째로 꿀꺽하는 건가.

"내가 생각한 건 돈을 빌려서 그 돈을 다시 누군가에게 빌려주는 거야. 빌린 돈보다 높은 금리로 빌려주면 차액을 벌 수 있잖아."

나는 "오, 대단해!" 감탄하면서 역시 사채업자의 일족이라는 말은 꿀꺽 삼켰다.

"문제는 빌려주는 상대인데, 금리가 10%라도 좋다는 사람이 있을지, 또 있다고 해도 제때 갚을지 모르겠어."

"내가 빌릴까? 연 10%로."

내가 노려보자 누나가 씩 웃었다. 울화가 치민다.

"언니, 돈을 빌려서 뭘 할 건데요?"

"그야 단기 승부지! 몽땅 복권을 살 거야!"

"그럼 빌려줄 수 없어요. 꽝이 되면 돌려받을 수 없잖아요."

미나가 웃으며 대답하자 누나는 어깨를 으쓱하고 고개를 돌렸다.

"이건 선생님도 같은 생각일 거야. 돈을 어디에 쓸지, 어떻게 늘려서 이자까지 갚을지 설명하지 않으면 빌려주지 않을 거야."

"금리를 받는 건 물론이고 어떻게 돈을 벌 건지도 말해야 할까? 음. 빌린 돈으로 재료를 사서 뭔가를 만들어서 팔겠다, 그런 느낌으로?"

"그것도 제대로 팔아서 돈을 벌어야겠지."

음. 여봐란 듯이 아무것도 생각나지 않는다. 한동안 잠자코 가만히 있었다.

"있지. 좋은 수가 있어." 다시 누나가 끼어들었다.

"뭔데요, 그게?"

"할인 판매하거나 대량으로 엄청 싸게 파는 상품을 사들여서 그걸 인터넷에서 되파는 거지. 수고는 좀 들지만 꽤 돈이 될 걸."

헤에. 누나는 정말로 잔머리만 발달했다.

"그거 괜찮을 것 같아. 고맙습니다."

"아니, 천만에. 이 정도의 일이라면 언제든지."

미나의 칭찬에 신이 났나 보다.

"준, 어떻게 생각해?"

"솔직히 바로 이해가 되지는 않아, 뭘 사들이면 좋은데?"

"할인 상품이라면, 옷이나 신발이나 그런 거?"

"기한 한정이나 지역 한정을 노려볼 만해. 프리미엄이 붙으니까."

자기가 하려고 조사해본 적이라도 있는 건가?

"이거 팔다 남으면 방이 상품으로 넘쳐나지 않을까?"

"내 방에 둬도 되지만…… 팔다 남으면 물건 산 돈을 완전히 날리게 되는데."

"애초에 뭘 얼마에 팔면 되는지부터 우리가 정하지 않으면 안 돼."

우리가 감당할 수 있는 범위가 아니다.

"자자, 당분 보충 시간입니다."

먼저 말을 꺼냈던 누나마저 입을 다문 순간, 마침 엄마가 간식을 가져왔다. 쟁반에는 미나가 선물로 사온 쿠키와 차가 담겨있었다.

"고맙습니다."

"아유, 아니야. 이쪽이야말로. 이 쿠키 맛있어 보이는데 같이 먹어도 될까?"

어떻게 해서든 눌러 앉으려고 하는 건 어느 집 엄마나 똑같구나.

"와, 초코 크림이 들어 있네! 포장도 예쁘고. 미나, 이렇게 마음 쓰지 않아도 되는데"라고 말하면서도 누나는 만면에 미소를 띤 채 제일 먼저 손을 뻗었다.

"선물받은 게 있어서 그대로 가져왔어요. 제가 먹고 싶어서요."

미나도 봉지에서 쿠키를 꺼내어 밝은 얼굴로 베어 물었다.

"숙제는 잘되고 있어?" 엄마의 질문에 우리는 눈을 마주치고 고개를 갸웃했다.

"어머, 문제가 어려운 모양이구나."

"엄마는 1000만 원 빌려본 적 있어?"

"뭐?"

"1000만 원을 빌리는 게 애네 숙제라나 봐. 아무튼 이상한 동아리야."

"1000만 원이라. 우리 집 차, 지금은 낡았지만 살 때는 1000만 원이 넘는 돈을 할부로 샀지."

"그건 안 돼. 1000만 원을 1년간 빌렸다가 이자를 붙여서 돌려주지 않으면 안 되거든. 자동차 할부는 아빠 월급에서 빠져나가잖아. 우리 숙제는 1000만 원을 자본금으로 해서 비즈니스건 뭐건 우리끼리 돈을 벌지 않으면 안 된단 말이야."

엄마는 어안이 벙벙한 표정으로 한동안 나를 보더니 큰소리로 웃기 시작했다.

"그 숙제 이상하다, 애. 당연히 무리지. 중학생한테."

무의식중에 울컥해서 화가 치밀어 오른 다음 순간, 화들짝 놀라서 미나 쪽으로 고개를 돌렸다. 미나도 자못 진지한 표정이었다.

"어쩌면 우리, 당한 걸까?"

"응. 그 아저씨, 정말로 이상한 사람이야."

"뭐야, 두 사람만 뭔가 깨달은 얼굴을 하고."

누나가 묘하게 기쁜 표정을 지으며 우리 사이에 끼어들었다. 나는 가볍게 무시하고 이어서 말했다. "그냥 빌리지 않겠습니다, 라고 하면 재미없으니까 좀 더 작전을 짜보자."

"응. 방향이 보였어."

무시당한 누나는 약간 불쾌한 듯이 먹다 만 쿠키를 꿀꺽 삼키고는 머그컵을 들고 자기 책상으로 돌아갔다.

그 후, 엄마가 차로 '미나 아가씨 댁'까지 데려다주어 우리는 헤어지기 직전까지 얘기를 나눴다. 미나는 모습이 보이지 않을 때까지 손을 흔들어주었다. 나도 창문을 열고 계속 손을 흔들었다.

"착하네. 부잣집 아가씨라고 해서 도도한 줄 알았는데."

엄마는 완전히 미나의 팬이 된 모양이다.

"저런 아가씨라면 대환영이야. 어때, 남자 신데렐라를 노려보면?"

백미러 너머로 엄마가 내 얼굴을 살폈다. 엄마 말을 들으면서도 내 머릿속은 온통 손을 흔드는 미나의 모습으로 가득했다.

14강

# 빌려주는 것도 친절,
# 빌려주지 않는 것도 친절

교무실 바로 옆에 있는 방송실은 적당히 좁고 냉방과 방음 시설이 잘되어 있어 아늑한 은신처 같았다. 하지만 우리 앞에는 화려한 알로하셔츠를 입고 품위 없는 선글라스를 낀 덩치 큰 선생님이, 다리를 활짝 벌린 채 접이식 의자에 앉아 있었다. 숨이 막힐 듯 덥다. 커다란 부채를 들고 있어서 더 그랬다.

그리고 무엇보다 방송장비 위에 둔 1000만 원짜리 지폐뭉치가 더욱 숨 막히는 긴장감을 자아냈다. 여름방학이 되어 사복을 입은 미나가 새하얀 원피스를 입고 청량한 공기를 내는 것이 그나마 위안이 됐다.

"그 1000만 원은 빌리지 않겠습니다."

미나가 접이식 의자에서 일어나 그렇게 선언했다. 그러자 선글라스를 낀 선생님이 의아한 듯이 한쪽 눈썹을 치켜 올렸다. 너무나도 연극적인 몸짓에 피식 웃음이 났다.

"뭐가 좋다고 피식 웃는가. 아무리 그래도 돈을 빌리는 것이 네 녀석들의 미션인데."

이 캐릭터 상당히 마음에 든다. 나도 일어섰다.

"이유는 이제부터 설명하겠습니다. 그전에 손 좀 주세요."

선생님의 커다란 손바닥에 내가 5,300원, 미나가 6,100원을 올려놓았다. 선생님이 우리에게 차용증서를 돌려주었다. 1주일 동안 1만 1,100원을 빌려주고 300원을 벌었다. 음, 나쁘지 않은걸. 마지막으로 미나와 선생님이 하얀 손목시계와 보관증서를 교환했다. 거래 완료.

"우리의 '빌린다'와 선생님의 '불린다'를 통해 1주일 만에 대략 3%의 금리가 거래되었습니다. 복리로 계산하면 1년 동안 갚아야 할 돈은 그 몇 배나 되겠죠. 거기까지 가지 않아도 1000만 원을 빌리면 수백 만 원의 이자가 필요하게 됩니다."

"우리는 빌린 돈을 늘리는 방법을 여러 가지로 궁리해보았습니다. 하지만 이자를 지불할 정도로 돈을 벌 전망이 없었습니다. 그래서 이 돈은 빌리지 않기로 결정했습니다."

우리는 나란히 앉았다. 선글라스 안의 시선이 두 사람 사이를 오갔다.

촥. 갑작스러운 부채 소리에 나는 움찔했으나 미나는 눈 하나 깜짝하지 않고 웃었다. 선생님은 기쁜 얼굴로 "오, 제법인걸요!" 하고 선글라스를 벗고 동그란 안경으로 바꿔 끼었다. 그리고 방송기기에 아무렇게나 둔 1000만 원 위에 부채를 내던졌다.

"내 함정을 멋지게 빠져나간 과정을 설명해주겠습니까?"

"우리는 맨 먼저 빌린 돈을 더 높은 금리로 누군가에게 빌려주는 방법을 생각했습니다. 하지만 빌려줄 상대를 찾기가 어려워서 그 방법은 바로 포기했습니다."

"이어서 생각한 것이 빌린 돈을 밑천 삼아서 뭔가를 판매한다는 아이디어였습니다. 그건 누나에게 힌트를 얻었어요."

"아아, 그 야무진 누님! 잇속에도 밝은 사람이군요."

"이리저리 생각해봤지만 비즈니스 지식이 전혀 없는 우리가 돈을 빌리는 건 무리라고 판단하게 되었습니다."

"아주 현명한 결단이에요." 선생님이 수긍했다.

"'빌린다'와 '불린다', 동전의 앞뒷면과 같은 이 두 관계가 성립하려면 조건이 있습니다. 빚에 따르는 금리를 감당할 만큼 '버는 것'이 뒷받침되어야 합니다. 그렇지 않다면 돈을 빌리는 게 아니에요. '번다'를 '받는다'로 바꿔도 마찬가지입니다. 갚을 길이 없는 돈을 빌리면 비탈길에서 굴러떨어지듯이 인생이 나락으로 떨어지게 됩니다."

인생 몰락. 무섭다.

"두 사람에게 묻겠습니다. 만약에 이번에 1000만 원을 빌렸다면 금리는 얼마였을까요?"

"50%쯤?" 하고 내가 말했다. "30%쯤일까요?"라고 미나가 말했다.

"두 사람 다 나를 아주 탐욕스럽고 뻔뻔한 인간으로 평가하는 모양이군요. 영광입니다. 뭐, 나로서는 그래도 너무 낮다고 생각하지만 안타깝게도 그런 고금리는 받을 수 없어요. 10만 원이 넘는 융자의 상한금리는 이자제한법에 연 24%로 정해져 있거든요."

아. 몰랐다. 어쨌든 1000만 원을 빌리면 1년에 240만 원이잖아. 우리가 빌리는 건 무모하다.

"옛날에는 소비자금융, 이른바 고리대금업체에서 금리를 30%, 40%씩 받아도 괜찮았습니다. 그런데 빚에 시달려 개인 파산을 신청하는 사람이 급증하면서 법률이 바뀌었죠."

선생님이 탐색하는 듯한 눈빛으로 "두 사람 '부당이득반환 청구소송'이라고 들어본 적 있나요?"라고 물었다. 미나의 표정 이 굳어졌다.

"있습니다. 우리 집에서도 그런 소송을 많이 하는 모양이 에요."

"아이의 귀에는 들어가지 않았으면 하는 이야기가 새어나 갔군요. 준을 위해 설명하자면 금리가 40%였던 시대에도 지 푸라기 잡는 심정으로 돈을 빌리는 사람들이 있었습니다. 하 지만 그런 사람은 머지않아 돈을 갚을 길이 없어 결국 다른 회 사에서 돈을 빌려 빚을 돌려 막는 상태가 되죠. 이른바 다중 채 무자입니다. 이렇게 되면 더 이상 구제할 길이 없습니다. 빚의 노예가 되어 파산, 자칫하면 야반도주나 자살에 이르게 되죠."

빚의 노예라니. 놀라운 말이다.

"그런 불행이 끊이지 않자 세상 전체가 고리대금을 용서치 않겠다는 분위기로 흘러갔습니다. 그 결과 법률이 바뀌고 소 비자금융의 금리는 단숨에 떨어졌죠. 그와 동시에 나라에서는 법에서 정한 제한 이자율을 초과하는 이자를 받으면 처벌하는 규정을 신설했습니다.

"처벌이요?"

"대법원 판례에 따르면, 이자제한법 처벌규정 시행 전 약정한 대출계약일지라도, 시행 이후 법에서 정한 24%를 초과하는 이자를 받았다면 처벌된다고 보았습니다. 준은 과도하게 받은 금액을 돌려주는 게 당연하다는 표정이군요."

"40%는 너무 심하지 않습니까?"

"하지만 오랜 세월, 나라에서 그것을 묵인해온 걸요? 법률의 범위 안에서 자유롭게 행동할 수 있는 것이 법치국가입니다. 규칙을 바꾸는 건 좋습니다. 하지만 새로운 규칙을 과거에 적용시켜서는 안 돼요. 남들보다 한 박자 늦게 내는 가위바위보가 버젓이 통용되면 시민생활도 시장경제도 성립하지 않습니다."

남들보다 한 박자 늦게 내는 가위보위보라. 약삭빠른 행동이라고 생각하지만 얼른 이해가 되지 않았다.

"이런 예를 생각해보세요. 어느 날 갑자기 소고기 판매가 위법이 되었다. 게다가 과거로 거슬러 올라가 정육점이나 햄버거가게에 여태까지 판 소고기 양만큼 벌금을 물게 한다."

아아, 그건 좀 너무하다. 좀 알 것 같다.

"이렇게 남들보다 한 박자 늦게 내는 가위바위보가 통용되면 소고기 식당은 줄줄이 도산하게 되겠죠. 그뿐만이 아닙니다. 소고기와 관계없는 비즈니스도 안심할 수 없습니다."

"아, 다음은 닭고기나 돼지고기가 퇴출될지도 모르니까요?"

"맞습니다. 남들보다 한 박자 늦게 내는 가위바위보가 통용되는 세계에서는 규칙을 지키며 장사를 해도 안심할 수 없습니다."

"하지만 왜 그런 짓을 한 겁니까?"

"정치가와 관리, 재판관이 인기를 얻기 위해서입니다. 국민들이 사채업자를 악질이라고 말씀하신다, 철저히 두드려 패자! 뭐, 그런 논리예요. 탐욕스럽고 뻔뻔하게 돈을 많이 벌었으니까, 라는 것은 그저 명목상의 이유에 불과합니다. 그들을 오랜 세월 방치한 것은 정부입니다. 하늘에서 떨어지는 단물을 쪽쪽 빨아먹고는 손바닥을 뒤집듯 태도를 바꾼 거죠."

점점 더 심해지는 이야기를 미나는 아주 진지한 눈으로 듣고 있었다.

"샛길은 여기까지. 이제 본론으로 돌아가서 정리해봅시다."

빌리는 사람 ( 현재: 돈이 부족하다
            \ 장래: 이자를 붙여서 돈을 갚는다
빌려주는 사람 ( 현재: 돈에 여유가 있다
             \ 장래: 돈에 이자가 붙으면 기쁘다

"돈을 빌려주고 빌리려면 두 개가 균형을 이루어야 합니다. 하나는 돈의 소재의 균형, 또 하나는 시간의 균형입니다. 빌리는 측은 지금 수중에는 없지만 장래 돈이 들어올 가망이 있다. 빌려주는 측에서는 수중에 여분의 돈이 있고 그 돈을 잘 늘릴 수 있으면 좋겠다, 라고 생각합니다. 금리가 이 두 사람을 이어줌으로써 잠자는 돈이 유효하게 활용될 수 있는 겁니다. 자, 이제 우리가 배운 척도가 등장할 차례입니다. '불린다'는 행위는 보통일까요? 즉, '번다'나 '받는다'에 버금가는 가치가 있을까요?"

그렇게 나오다니. 선생님이 잠시 말을 멈췄다. 미나를 흘긋 보니 정신에 딴 데 가 있었다.

지금, 돈이 없어서 곤경에 빠진 사람에게 누군가가 돈을 빌려준다. 빌린 사람은 그 돈으로 장사를 하거나 차와 아파트를 구입한다. 그리고 돈을 벌면 빚을 갚는다. 빌려준 사람은 그 돈으로 받은 금리만큼 돈을 번다. 음, 나쁘지 않아, 이거.

"준, 생각이 정리된 모양이군요."

정말로 안색을 잘 살피는구나, 이 아저씨는.

"돈을 빌려주고 '불린다'는 건, 스스로 일하지는 않지만 '번다'와 '받는다'와 마찬가지로 보통에 들어가도 된다고 생각합니다."

"원칙에는 동의합니다. 하지만 거기에는 조건이 있다는 것이 내 의견입니다. 빌리는 사람과 빌려주는 사람 사이에 '합리적이고 이성적인 합의'가 있는 경우에만 해당된다는 조건입니다."

합리적이고 이성적이라. 너무 엄격하다.

"지난주를 예로 들어보자면 당시의 금리는 돈이 부족한 준이 만화 신간을 사는 대가로서 나름대로 적정했습니다. 용돈이 들어오니 갚는 데도 무리가 없었고요. 그렇죠?"

"네."

"이것이 합리적이고 이성적이라는 말입니다. 안타깝게도 빚을 질 때 인간은 이성적이 판단력을 잃기 쉽습니다. 지금 당장 신제품이 갖고 싶어서 신용카드를 긁는다, 호화 저택에 한눈에 반해서 무리하게 대출을 받는다, 도박으로 하도 돈을 잃어서 일확천금을 노린다, 당장에 1억 원을 준비하지 않으면 회사가 도산한다 등등. 이유는 다양하지만 빚을 지는 행위에는 인간에게 냉정한 판단능력을 앗아가는 마력이 있습니다."

곁눈으로 보니 미나의 미간에 깊은 주름이 지어졌다.

"이성을 잃은 사람은 어떤 악조건에서도 돈을 빌립니다. 열흘에 1할이라는 무법의 고금리에도 손을 대죠. 심지어 자기 자신과 가족의 신체를 담보로 하는 사람도 있습니다. 악질 대부업자는 폭행 또는 협박하거나 인신매매와 장기매매와 같은 악행도 서슴지 않습니다."

장기매매라니…… 이게 정말로 중학교 특별활동에서 나올 말인가?

"옛날에 유명한 은행가가 '빌려줘도 친절, 빌려주지 않는 것도 친절'이라는 명언을 남겼습니다. 빌리면 안 되는 사람에게는 빌려주지 않는 것이 그 사람에게 낫다는 심오한 말입니다."

앞에서 하도 겁을 줘서인지 그 말이 마음에 쏙 스며들듯 고맙게 느껴졌다.

"그래서 빌리는 사람과 빌려주는 사람이 저마다 냉정하게 조건을 정할 수 있는 상태가 아니면 다른 사람에게 돈을 빌려주고 돈을 '불리는' 행위를 보통에 넣어서는 안 됩니다."

선생님의 눈이 미나에게 고정되었다. 미나도 고개를 들어 선생님을 쳐다보았다.

"요컨대, 사채업자는 '훔친다'에 들어가야 된다는 말이군요."

선생님이 고개를 끄덕였다. 입술을 깨물고 선생님을 똑바로 쳐다보는 미나의 옆얼굴이 너무나도 예쁘다.

"적어도 과거에 높은 금리로 돈을 빌려주던 사채업자는 '훔친다'로 분류될 수밖에 없습니다. 빌리는 사람은 그 자리에서는 한숨 돌릴지 몰라도 그 후에 신세를 망치니까요. 결국 그런 금리를 받는 건 사회에 손실을 끼친다, 즉 '훔친다'에 해당한다고 봐야겠지요."

가만히 듣던 미나가 별안간 미소를 지었다. 살짝 고개를 숙이고 가볍게 미소 지은 입술에서 뜻밖의 말이 새어나왔다.

"고맙습니다."

나는 그 말이 무슨 뜻인지 몰라 당황했다. 선생님은 조용히 듣고 있었다.

"나는 여태까지 아빠가 하는 일을 감정적으로 부정했어요. 하지만 아빠가 얼마나 일을 열심히 하는지도 알고 있어서, 내 안의 기분을 어떻게 정리해야 좋을지 몰랐어요."

미나가 선생님과 나를 보며 웃음 지었다.

"하지만 지금 모든 걸 듣고 진심으로 납득할 수 있었어요. 역시 대부업은 그만뒀으면 좋겠어요."

선생님이 부드러운 눈으로 미나를 바라보았다.

"나, 쭉 네가 부러웠어."

뜻밖의 말에 나는 다시 당황했다.

"소방관 아버지를 존경하다니. 그렇게 단호하게 말할 수 있다니, 정말 멋지다고 생각해."

이럴 때는 무슨 말을 하면 좋을까? 나는 아직 어리다.

선생님이 짝, 하고 손뼉을 쳤다.

"자, 이걸로 우리는 다시 미나의 의문에 일정한 답을 낸 것 같군요."

그 목소리에는 공기를 밝게 바꾸는 힘이 있었다.

"도박은 필요악이라는 관점에서 '받는다'에 넣었습니다. 빌리는 사람을 궁지에 몰아넣는 사채업자는 '훔친다'로 분류했죠. 남은 것은 건물주인데, 아직은 준비가 부족합니다. 그 전에 '빌린다'와 '불린다'에 대해 좀 더 깊이 생각해보고 싶습니다. 자, 기다리고 기다리던 숙제입니다."

숙제는 대환영이다. 미나와 작전회의를 열 수 있으니까, 흐흐. 선생님은 돈다발에서 5만 원짜리 한 장을 휙 빼냈다.

"이 5만 원을 나한테 빌리세요. 차입기간은 1년. 이번에는 옥션 방식으로 더 좋은 조건을 제시한 사람에게 빌려주도록 하겠습니다. 기권은 없음."

이거 또 성가시겠구나. 아, 게다가 이건…….

"경쟁이니 작전회의는 금지합니다. 각자 자력으로 도전해주세요."

기분이 울적해졌다.

"키워드는 합리성과 이성입니다. 잊지 말도록. 그럼 다음 주에 봅시다."

선생님이 떠나고 우리 두 사람만이 방송실에 남았다. "쭉 부러웠어"라는 말이 되살아나서 나는 가위에 눌린 듯이 꼼짝도 할 수 없었다.

그러자 미나가 벌떡 일어나서 오른손을 내밀었다. 나도 일어나서 손을 잡으려고 했지만 손이 땀으로 흠뻑 젖어서 황급히 입고 있던 청바지에 닦았다.

우리는 손바닥을 겹치듯 가볍게 악수했다.

"준, 늘 고마워."

잠시 후, 미나가 다시 손을 꼭 쥐었다.

"다음 숙제는 안 질 거야. 서로 열심히 하자."

손이 저릴 정도로 악수를 한 후 미나는 밝은 목소리로 "다음 주에 봐"라고 인사하고 방송실을 빠져나갔다. 한동안 혼자 멍하니 있다가 수업 말미에 내가 한마디도 하지 않았음을 깨달았다.

# 돈을 불리는 것은
# 어려운 문제일까?

5만 원을 1년 동안 빌리면 금리를 얼마나 내야 할까? 5만 원을 빌려주면 금리를 얼마나 받을 수 있을까? 도무지 짐작이 가지 않았다.

빌린 돈으로 장사를 하는 건 무모하니까, 미나의 방식대로 '빌린 돈을 다시 남에게 빌려주는' 방법밖에 없다.

나는 조심스레 부엌으로 들어갔다. 누나의 기척은 느껴지지 않았다.

"엄마, 상의하고 싶은 게 있는데."

"뭐야. 그 간사한 목소리는. 또 용돈을 미리 달라는 협상이니?"

"아니 그 반대. 내가 엄마한테 5만 원을 빌려주면 1년 동안 이자 얼마나 줄 거야?"

"네가 그런 돈이 어디에 있어? 맨날 돈이 없어서 허덕이는 주제에."

"가까운 시일 내에 손에 들어올 예정이야. 그러면 엄마에게 빌려줄까 하고."

"빌린 돈을 빌려줘서 부모에게 마진을 남기려고? 내가 이런 아들로 키웠구나. 좋아, 딱히 돈에 쪼들리는 것도 아니니 500원이면 생각해볼게."

"에. 1년이나 빌리고 500원이라니 심하지 않아?"

"어차피 저금한 적이 없으니 요새 금리가 얼마나 되는지도 모르지? 네가 잘하는 그거 있잖아, 스마트폰으로 검색해 봐. 1년 정기예금이라고 쳐서."

엄마에게 빌려주려는 계획은 포기다. 안전하고 확실하지만.

"정기예금, 1년, 금리라고 치면. 오, 순위가 나오네. 이걸로 좋은 은행을 찾으면 낙승이다!"

의기양양한 기분은 1초 만에 날아갔다. 1년 기준 기본 금리는 어느 은행이나 2%대에 머물렀다. 그것도 특별 캠페인을 해서 이 정도다. 다시 말해 10만 원 맡기면 이자가 2,000원이라는 얘기다. 뭐야 이게. 요즘 세상에 돈을 '불리기'란 무리가 아닐까?

나는 '돈을 불리는 방법'을 검색하다 문득 바보 같다는 생각이 들어 관뒀다. 어쩔 수 없다, 금리는 2%로 하자. 내 수중에 들어오는 돈은 없지만, 금리가 너무 낮으니 하는 수 없지.

이거 미나에게 이기기 어렵겠는걸.

# 제 5 장

## 밝혀진
## 비밀

# 15강

# 금리가 죄다
# 비슷한 이유

가사실 문을 열자마자 좋은 냄새가 코를 찔렀다.

"오오, 준. 스콘이 다 되어가는 참이에요."

창가 조리대에서 선생님이 뒤돌아보았다. 이렇게 커다란 사람이 앞치마를 두른 모습은 처음 본다. 그 옆에 옅은 핑크색 티셔츠에 하얀 핫팬츠를 입은 미나가, 그대로 해변으로 뛰어들 것 같은 여름 옷차림으로 서 있었다.

"미나, 빨리 왔네."

"선생님한테 묻고 싶은 게 있어서."

"내 아이들에 대해 얘기 나누고 있었습니다. 몇 살쯤에 어떤 학교에 다녔는지, 뭐 그런. 유학을 생각하고 있어서 참고하고 싶다고 합니다."

유학인가. 생각해본 적도 없다. 왠지 미나가 멀게 느껴졌다.

"자, 스콘을 먹으면서 이야기를 나눠봅시다. 홍차도 맛있게 탔겠다……."

찻잔에서 향긋한 향이 퍼졌다. 실습용 테이블에 마련된 의자에 선생님, 그 오른쪽에 나, 왼쪽에 미나가 앉았다. 스콘은 바삭바삭하고 따끈따끈해서 호텔 카페 못지않았다. 나는 스콘 접시에서 잼을 떠서 홍차에 넣고 러시안티로 만들어 먹었다. 음, 역시 맛있어.

"자, 서둘러 고대하던 대결을 해볼까요? 이런 걸 준비해보았습니다."

선생님은 우리에게 스케치북과 큼직한 매직펜을 건네주었다.

"5만 원을 1년 빌려서 금리를 얼마나 낼 것인가? 거기에 쓰세요."

나는 첫 페이지에 '2%'라고 조심스레 적었다. 다시 봐도 아쉬운 금리다. "준비는 됐습니까? 그러면 갑니다. 하나둘!"

휙. 스케치북을 넘겼을 때, 나도 모르게 눈을 감아버렸다.

잠시 정적이 흐른 후, 웃음소리가 터져 나왔다. 쭈뼛쭈뼛 눈을 뜨자 스케치북 위로 얼굴이 반쯤 보이는 미나와 눈이 마주쳤다. 생글생글 웃는 눈 밑에 '2%'라는 글씨가 큼지막하게 쓰여 있었다.

"무승부인가요? 이거 흥미진진하군요. 이런 미묘하고 완벽한 무승부가 우연일 리가 없죠. 그러면 이 자리에서 바로 수수께끼를 풀어보죠."

선생님이 앞치마 주머니에서 스마트폰을 꺼냈다. 아니, 미니 태블릿인가. 손도 무진장 크다. 화면에는 내가 검색했던 예금금리 순위가 나왔다. 미나와 눈이 마주치자 저절로 웃음이 터져 나왔다.

"장사를 해서 돈을 불리는 것이 무모하다는 것은 알고 있습니다. 돈을 빌려서 다시 빌려줄 만한 상대를 찾기도 쉽지 않죠. 하는 수 없지, 은행에 예금할까. 인터넷을 검색한 두 사람은 놀랐습니다. 금리가 이런 참새 눈물만큼밖에 안 된다니. 그렇다면 내가 받느니 2%면 2,000원이니까 몽땅 욕심 많은 아저씨한테 줘버리자. 뭐, 이런 흐름이었겠죠."

우리가 손뼉을 치자 선생님은 자리에서 일어나 무대에 선배우처럼 과장되게 인사했다.

"나는 솔직히 두 사람이 비슷한 수법과 대답을 내기를 기대했어요. 이번에는 합리성과 이성이 키워드였습니다. 두 사람은 '버는 행위'가 뒷받침되지 않는, 갚을 길 없는 무리한 빚을 피했습니다. 이상한 반항심을 불태우지 않고 이성을 갖고 일에 임했죠. 그러한 자세가 '빌린다'와 '불린다'의 기본입니다. 욕심을 부리거나 고집을 부리면 반드시 눈앞의 이익에 판단력이 흐려지거든요."

우리는 스콘을 우물우물 먹으면서 귀를 기울였다.

"이 이성이라는 토대가 서야 합리적인 판단이 가능합니다. 두 사람이 택한 수법을 단순히 인터넷 검색으로만 볼 수 없습니다. 멋지게 시장금리를 조사한 것입니다."

여기서 시장의 등장. 미나가 "시장이라면 이 경우 어떤 시장을 말하나요?"라고 물었다.

"은행이 예금을 얻기 위해 경쟁하는 시장입니다. 예금자는 방금 전에 우리가 검색해보았듯 조건이 좋은 은행을 선택합니다. 그러니 일종의 시장이라고 생각해도 좋겠죠."

"하지만 거의 차이가 없어서 경쟁해봤자 소용없을 것 같던데요."

"아니, 그게 포인트이기도 합니다. 은행은 많은데 같은 금리인 이유가 뭘까요? 알겠습니까, 미나."

미나는 한참 생각하고 나서 "그 이상 내면 은행이 손해를 보니까"라고 대답했다.

"예스(Yes)! 은행은 모아둔 예금을 기업융자와 주택융자로 돌립니다. 그러면 그쪽에도 시장, 즉 경쟁이 붙게 되죠. 빌리는 쪽은 가급적 저렴한 금리로 빌리려 하고 빌려주는 쪽에서는 높은 금리를 받으려 합니다. 단, 욕심을 내면 빌리려는 사람이 다른 은행으로 도망칠 수 있어요. 그래서 다른 은행의 동정을 주시하며 경쟁하는 사이에 대출금리가 일정한 수준으로 떨어진 겁니다."

"돈을 빌릴 때의 금리도 그렇게 차이가 없다는 뜻인가요?"

"그렇습니다. 받을 수 있는 금리가 차이가 나지 않으니 예금금리도 퍼줄 수 없죠. 즉 준이 지적한 획일적 금리야말로 예금과 대출의 양쪽에서 시장 메커니즘이 작동하고 있다는 증거입니다."

어. 하지만 이상하다. 미나 앞에서는 물어보기 곤란하지만.

"저, 그러면 이렇게 높은 금리로 돈을 빌려주는 장사가 성립하는 이유가 뭔가요?"

"아, 오늘은 머리 회전이 빠르군요. 빌려주는 사람끼리 경쟁을 하고, 빌리는 사람에게 이성이 있다면 빚으로 신세를 망치는 일은 없습니다. 그러나, 현실에서는 사채업자에게 손을 내밀어서 인생이 몰락하는 비극이 끊이질 않죠."

저기, 너무 흥분하지 마세요.

"그건 왜일까, 시장이 실패했기 때문입니다."

"시장이?" 하고 내가 묻자 "실패?"라고 미나가 뒤이어 물었다.

"네. 시장의 실패. 시장이란 합리적 판단력을 가진 판매자와 구매자가 참여하지 않으면 제대로 굴러가지 않습니다. 사채의 경우, 빌리는 사람은 제대로 된 판단력을 잃은 상태죠. 이래서는 시장이 제대로 성립하지 않습니다. 빌려주는 사람이 날강도처럼 금리를 마음대로 받아낼 수 있으니까요."

"그런 경우에는 어떻게 하면 좋을까요?"

"정부가 개입하는 수밖에 없습니다. 상한금리 설정이 그 대표적인 예죠. 빌려주는 사람이 빌리는 사람의 재정 상태를 엄격하게 심사하게 하는 방법도 있습니다. 무리하게 돈을 빌려주면, 빌려주는 사람이 벌을 받게 되는 거예요."

빌려주는 것도 친절, 빌려주지 않는 것도 친절인가.

"그래서 준과 저, 어느 쪽이 5만 원을 빌리게 되는 건가요?"

"이번에는 승부를 겨루지 않겠습니다. 이긴 사람도 없고 진 사람도 없음. 그러니 빌려주는 사람도 없고 빌리는 사람도 없습니다."

어느새 스콘이 사라지고 없었다. 큰 걸로 세 개씩 먹었더니 배가 그럭저럭 찼다.

"자, 이걸로 '빌린다'의 기초 편이 끝났습니다. 다음 시간에는 응용 편. 다시 사회 견학을 갈 예정입니다. 아침 10시에 교문 앞에 집합하세요. 좀 멀리 나갈 테니 집에는 저녁쯤 돌아간다고 말해두고요."

셋이서 설거지를 하고 헤어지니 슬슬 점심시간이 다가오고 있었다.

교문을 나서며 나는 과감히 미나에게 물었다. "점심, 우리 집에서 어때?"

"점심은 집에서 먹는다고 했어. 다음에 갈게."

아, 고작 이런 일로 나락에 떨어지는 기분이라니.

"하지만 준에게 묻고 싶은 게 있어. 아이스크림이라도 사먹으면서 좀 걸을까?"

이내 하늘을 날아오를 것만 같은 기분이 되었다. 그리고 또 다시 절망. 지갑이 없어……. 내가 허둥지둥 호주머니를 뒤지자, 미나가 "아, 내가 낼게. 이번 달에 받은 용돈이 거의 남았어"라고 도움의 손길을 내밀어주었다.

"고마워. 다음엔 내가 뭐든 살게."

"응. 하지만 너무 신경 쓰지 않아도 돼."

미나가 문방구 앞을 지나쳤다. 근처 초등학생·중학생이 모이는 장소다. 내가 다니던 초등학교는 중학교 바로 옆에 붙어 있고, 학군 내에 있는 또 다른 초등학교와도 그리 멀지 않다. 아이스크림을 산다더니 어디로 가지? 궁금해하는데 미나는 길모퉁이를 돌아 케이크가게 '노엘'에 들어갔다.

"나 요새 여기서 파는 복숭아 단팥 아이스크림에 푹 빠졌거든."

나는 '노엘'에 들어가는 것 자체가 처음이었다. 여기는 비싸기로 유명한 곳이다. 아니나 다를까, 가장 저렴한 바닐라바가 2,000원, 복숭아 어쩌고는 3,000원이나 한다. 얻어먹기에는 좀 비싸다. 어쩌지.

"같은 걸로 할래? 맛있는데."

나는 다시 도움의 손길을 덥석 잡았다. 한심하다. 조금 울적해하는 사이에 미나가 계산을 마치고 출구로 향했다. 나는 서

둘러 따라갔다.

가게에서 나와 우리는 바로 뚜껑을 열고 스푼으로 퍼서 한 입 먹었다.

나는 "으!" 하고 소리 없는 탄성을 질렀다. 미나가 "그치? 그치? 이거 진짜 맛있지" 하고 두 입째 떠서 먹더니 황홀한 듯 미소를 지었다. 그것은 정말로 지금까지 먹었던 모든 아이스크림을 능가하는 맛이었다. 정신없이 몇 입 먹고 나서 우리는 요 앞 공원까지 걷기 시작했다. 돌아가는 길도 같은 방향이었다.

미나가 아무렇지도 않은 투로 말했다. "준의 아버지에 대해 묻고 싶었어." 나는 "하아"라고 김빠진 소리를 내며 "그렇게 재미있지 않지만 뭐든지 물어봐"라고 말했다.

미나는 조금 망설이다가 "아버지랑 평소에 얘기하니?"라고 물었다.

"그야 하지. 집에 있으면. 소방관은 밤샘 근무가 많아서 그렇게 자주는 아니지만. 그래도 뭐 여느 집처럼 평범하게 얘기를 나누지."

"밥 먹을 때라든가?"

"텔레비전을 볼 때나 장보러 갈 때, 가끔 축구하러 갈 때도."

"그래. 사이가 좋구나."

미나는 아버지랑 별로 얘기하지 않나? 왠지 물어보기가 조심스러웠지만, 불현듯 미나는 내가 물어주기를 바랄지도 모른다는 생각이 들었다.

"너는 아버지랑 별로 얘기 안 해?"

미나는 "응……" 하고 들릴 듯 말 듯 대답하더니 입을 다물었다. 나는 어색한 침묵을 녹기 시작한 아이스크림을 먹으며 메웠다. 이런 순간에도 맛있구나.

"마지막으로 말한 게, 1년쯤 전인가."

나는 엉겁결에 "뭐어!" 하고 소리를 질렀다.

"집이 너무 넓어서 만나기 힘들어?"

내 얼빠진 질문에 미나는 입가에 미소만 지을 뿐이었다. 기분 탓인지 미나의 눈이 초점을 잃은 듯 보였다. 잠시 후 미나가 입을 열었다.

"작년 여름에 우리 아빠네 게임장에서 사건이 있었어. 기억나?"

기억을 더듬어봤지만 아무것도 생각나지 않았다. 나는 고개를 가로저었다.

"역 맞은편 큰길에 있는 매장 주차장에서 갓난아기가 죽어 있었어. 엄마가 게임하는 동안에 일사병에 걸려서. 텔레비전

뉴스에도 나왔는데."

그런 사건이 있었던 것도 같다. 그게 미나네랑 관련된 곳이었나.

"그 엄마, 돈이 없는데도 우리 대부업체에서 돈을 빌려서 매일같이 게임을 했대. 뉴스에서 그랬어."

여기까지 말하고 미나는 다시 입을 다물었다. 나도 바로 말이 나오지 않았다.

"아, 녹는다, 아이스크림. 빨리 먹어야지."

꾸민 듯이 애써 밝은 목소리로, 미나는 남은 아이스크림을 싹싹 긁어 먹고는 "역시 맛있어"라고 작게 말했다.

"그 사건이 있고 나서 아빠랑 얘기하지 않게 됐어?"

이번 침묵은 여태까지 중에 가장 길었다. 아이스크림을 먹은 탓인지, 머리 꼭대기로 내리쬐는 뙤약볕이 한층 따갑게 느껴졌다.

"미나, 잠깐 공원에 가서 그늘이 있는 벤치에 앉자."

나무 그늘에 들어가자, 강바람이 불어와 아주 조금 시원해졌다. 그래도 한여름의 공원은 너무 더워서 아이를 데리고 나온 부모도 놀러 나온 아이들의 모습도 거의 보이지 않았다. 더위에 질렸는지 매미 소리마저 뜸했다.

"그때, 아빠가 텔레비전에 나왔어."

미나가 겨우 입을 뗐다. 말투는 평소와 다르지 않았다. 아니, 다르지 않게 하려고 노력하는 것 같았다.

"방송국에서 직원이 오고 아빠에게 마이크를 들이댔어. 그리고 업주로서 책임을 느끼지 않느냐고 물었어. 그랬더니 아빠가."

목소리가 잠시 끊겼다. 나는 기다리는 수밖에 없었다.

"아빠는."

바람이 한순간 강해지며 나무들이 바스락바스락 소리를 냈다.

"저희는 고객에게 주의를 준다거나, 나름대로 할 수 있는 일은 합니다. 나머지는 자기 관리의 문제입니다."

나무의 바스락거리는 소리를 뒤덮듯이 빠르게 말하더니 한숨을 토해냈다.

"그렇게 말했어."

바람이 멈췄다. 햇살이 발밑으로 아름드리나무의 짙은 그림자를 밀어냈다. 시간이 멈춘 듯했다.

"그걸 텔레비전에서 본 날, 아빠에게 갓난아기는 왜 죽어야 하느냐고 물었어. 도박이 없었으면 이런 일도 일어나지 않았을 거 아니냐고."

미나의 목소리가 조금 떨렸다.

"그랬더니 아빠가 뭐라고 했는지 알아?"

벤치에 앉고 나서 처음으로 미나가 나를 똑바로 쳐다보았다. 나도 피하지 않고 마주보았다.

"우연히 재수가 없어서 우리 회사였을 뿐이야."

말을 마치고 나서 미나의 눈에서 눈물이 그렁그렁 맺히더니 볼을 타고 주르르 흘러내렸다.

어른 남자라면 이럴 때, 어깨를 감싸 안거나 머리를 쓰다듬어줄까?

나는 아무것도 할 수가 없었다. 이야기를 들어주는 것 외에는.

"그 이후로 아빠랑은 한마디도 안 하고 있어."

할 말이 없는 나는 고개를 숙인 미나의 얼굴만 바라보았다.

미나는 얼굴을 찡그리거나, 흐느껴 울거나, 엉엉 소리 내어 울지 않았다. 볼을 타고 흘러내리는 눈물이 하염없이 턱 끝으로 떨어질 뿐이었다.

하필 이럴 때 이렇게 느끼는 게 이상하지만서도, 나는 반짝이며 떨어지는 눈물이 참 아름답다고 생각했다.

얼마나 그러고 있었을까?

문득 미나가 고개를 들어 이렇게 말했다.

"고마워, 준. 같이 울어줘서."

어느새 내 눈에도 눈물이 흐르고 있었다.


우리는 그 후, 말없이 손을 흔들고 공원에서 헤어졌다. 광장의 시계를 보니 벌써 2시였다. 나는 수돗가에 가서 물을 끼얹고 세수를 했다. "네가 부러웠어." 미나의 말이 머릿속에서 뱅글뱅글 맴돌았다.

# 주식 투자와
# '보이지 않는 손'

"적어도 한 시간은 걸릴 테니까 오늘 견학할 곳에 대해 대강 설명해두죠. 아니면 운전사는 제쳐두고 둘이서 사랑이라도 속삭이려는 건 아니겠죠?"

평소와 다름없이 가볍게 한 말이었겠으나 오늘만은 기분이 미묘했다. 지난주 공원에서 있었던 일이 머릿속에 어른거려서 미나에게 말을 걸기가 어색했다. 우리는 아무런 대답도 하지 않았다.

"어, 침묵은 금이다 이건가요? 그렇다면 웅변은 은이다로 응수하죠."

선생님이 패널을 만지자 조용한 음악이 흘러나왔다. 재즈인지 뭔지다.

"오늘 만날 사람은 내가 예전 퀀트 시절에 알고 지내던 동료입니다. 이제는 성실한 금융 비즈니스 사업가로 변신했죠. 나보다 용기도 근성도 있는, 존경할 만한 사람입니다."

오랜만에 자학 개그인가. "그러면 오늘은 은행에 가는 겁니까?" 내가 물었다.

"은행이 아니라 자산운용회사입니다. 투자신탁이라는 상품을 일반 투자가에게 제공하죠. 자산운용은 그야말로 '불린다' 그 자체입니다. 고객이 돈을 맡기면 기업의 주식에 투자해서 대신 돈을 '불리는 것'이 그의 일이고요."

"맡기면 돈이 불어난다니, 은행예금 같은 건가요?"

"비슷합니다. 맡긴 시점에서 얼마나 돈이 불어나는지 알지 못한다는 점은 다르지만. 운용에 실패하면 돈이 줄어들기도 합니다."

"투자 어쩌고라는 게 뭔가요?"

미나가 대화에 끼어들었다. 휴, 안심이다.

"투자신탁. 믿을 신(信), 맡길 탁(託)을 써서 믿고 맡긴다는 뜻입니다. 줄여서 투신이라고도 하죠. 전 세계적으로 인기 있는 운용상품입니다. 지금 만날 사람은 맨주먹으로 투신 운용회사를 세웠습니다. 고객은 개인투자가, 즉 보통 사람들이고요. 그의 놀라운 점은 리먼 사태 직후에 회사를 세웠다는 것입니다."

"선생님은 그때를 계기로 일을 그만두었죠."

"맞아요. 금융위기의 충격에서 도망쳤습니다. 하지만 그들은 다른 대답을 내놓았죠. 세상에 더 도움이 되는, 사람들에게 도움이 되는 금융의 모습이 있을 것이다, 그렇게 생각하고 회사를 세웠습니다."

오. 정말 멋지다.

"이것은 두 사람이 상상하는 이상으로 쉽지 않은 결단이었습니다. 세계공황이 일어나기 직전, 위기의 진원지라 할 수 있는 금융세계에 새로운 회사를 설립하다니 보통 미친 짓이 아니었죠. 게다가 참가한 멤버는 업계에서 이름만 대면 알 만한 우수한 사람들이었습니다. 높은 보수와 안정된 지위를 내던지고 새로운 비즈니스에 도전한 거죠. 멋진 도전정신입니다."

"선생님은 그런 회사를 세우고 싶은 생각이 없나요?"

"머지않아 뭔가 하겠지만 당분간은 무직으로 지낼 작정입니다."

"네? 주산반 선생님으로 있으니 무직은 아니죠."

"이건 무보수라서 기분상으로는 무직입니다."

그런가. 왜 보수도 받지 않고 이런 일을 하는 걸까? 왠지 석연치 않았지만 대화는 거기에서 중단되고 벤츠는 고속도로를 빠져나와 시내로 들어갔다.

온몸에서 느껴지는 위화감에 나는 당황했다. 은행 같은 빌딩을 상상했는데, 이곳은 아무리 봐도 전통 한옥이었다. 포석을 따라 철쭉이 줄지어 심어져 있고 현관 앞에는 소나무 가지가 낮게 뻗어 있었다. 안쪽에는 잉어가 헤엄칠 법한 연못도 보였다. 미나도 신기한 듯 주변을 둘러보았다. 현관에 도착하니 새하얀 나무틀로 된 멋진 미닫이문이 열려 있었다.

"실례합니다." 선생님이 고개를 들이밀고 소리쳤다.

"야아, 멀리서 오느라 고생했어요. 자, 올라오세요."

웃으며 맞이한 사람은 마흔 살가량 된, 은테 안경을 낀 아저씨였다. 옷깃만 옥색으로 된 특이한 흰색 와이셔츠를 소매를 걷은 채 입고 있었다.

"미안합니다, 바쁘신데."

"아니, 우리는 사장이 제일 한가해요. 다른 친구들은 여기저기 돌아다니느라."

"준이라고 합니다. 오늘 시간 내주셔서 감사합니다."

"미나입니다. 실례합니다."

"어서들 오세요. 저는 이곳 트리링스 투신 대표입니다."

우리는 툇마루가 있는 방으로 들어갔다. 정원이 보이는 공간에 덩굴로 짠 의자 네 개와 유리 테이블이 놓여 있었다.

"자, 앉아요, 앉아. 바로 차가운 보리차를 내올 테니까."

차가 나오기를 기다리는 동안에 나는 방을 둘러보았다. 나무로 된 목제 사무용 책상이 있고 그 위에 노트북이 두 대, 그 옆에는 화이트보드가 있었다. 묘한 느낌이다.

"사무실이 좀 이상하죠. 저 친구의 독특한 면이 그대로 드러나는군요."

때마침 돌아온 대표님이 "누가 이상한 사람이라고?" 하고 웃으면서 차를 나눠주었다. 꿀꺽꿀꺽. 우리는 시원한 차를 단숨에 비웠다. 오늘은 올여름 중 가장 덥다.

"옮기고 5년쯤 됐나요? 도심에서 떨어져도 문제없었죠?"

"오히려 긍정적인 측면이 더 많습니다. 해야 할 일에 집중할 수 있어서. 조언해주신 대로였습니다."

"아, 하지만 설마 이런 골동품을 발견하리라고는."

"정말로 골동품이었죠."

둘이서 한바탕 웃다가 대표님이 "이곳은 전통 여관이었어요. 후계자가 없어서 매물로 내놓은 걸 사무실로 개조했습니다"라고 설명해주었다.

"벽지와 바닥 같은 건 새로 갈았지만 나머지는 거의 그대로 쓰고 있습니다. 직원이 다섯 명인 조그만 회사라서 공간도 충분하고 아주 쾌적합니다. 있죠, 도시에서 탈출해서 전원 지역으로 이사하라고 권유한 사람이 바로 빅 요다였죠."

"빅 요다요?"

우리는 동시에 외쳤다. 선생님은 괜히 딴청을 부리며 히죽히죽 웃었다.

"네, 영화 〈스타워즈〉에서 제다이 기사의 스승인 그 요다. 골드맨 씨는 유별나게 큰 키와 선견지명으로 업계에서 빅 요다로 불렸답니다. 오늘은 빅 요다가 자랑하는 젊은 제다이를 데리고 온다고 해서 목이 빠져라 기다리고 있었어요."

미나와 눈이 마주쳤다. 빅 요다의 제자라. 나쁘지 않은데.

"그럼, 바로 본론에 들어가겠습니다. 그랜드마스터 골드맨, 어디서부터 시작하면 좋을까요? 준과 미나 학생은 우리 회사와 자산운용에 대해 얼마나 알고 있나요?"

대표님은 즐거운 듯이 두 손을 비비며 말했다.

"이 친구들에게 포인트는 설명했습니다. 두 사람은 아주 총명해요. 평소 일하는 모습을 바로 설명해주셔도 괜찮습니다."

대표님은 입가에 미소를 띠며 우리를 번갈아 보았다. 가격이 매겨지는 기분이었다.

"그러면 바로 본론으로 들어가겠습니다. 우리 회사가 하는 일은 돈을 맡긴 고객을 대신해 좋은 회사를 찾아서 투자하는 것입니다. 규모가 어느 정도 되는 기업은 '주식'이란 걸 발행합니다. 주식은 그 회사의 경영과 이익 배분에 참가할 수 있는 권리를 말하죠. 그리고 누구나 주식을 살 수 있는 기업을 상장 기업이라고 합니다. 윗 상(上), 마당 장(場)을 써서 자리에 올라간다, 즉 기업이 주식시장이라는 개방된 무대에 올라가는 것을 의미합니다."

미나가 노트에 메모하기 시작했다. 나도 허둥지둥 노트를 펼쳤다.

"우리는 지금 30여 개 회사의 주식을 보유하고 있습니다. 투자한 회사가 이익을 내면 주가가 급등하거나, 이익의 몇 %를 배당으로 받는 주주에게 가는 돈이 늘어나서 주주, 즉 우리 고객이 돈을 버는 구조입니다."

여기서 대표님이 선풍기 스위치를 켰다. 솔직히 너무 더워서 열기가 섞이는 느낌만 들었다.

미나가 "투자하는 회사는 어떻게 선정합니까?"라고 예리한 질문을 했다.

"먼저 데이터를 철저히 분석합니다. 돈을 벌고 있는가? 매출이 늘어나는 속도는 어떤가? 빚은 너무 많지 않은가? 하지만 본 경기는 이 데이터 분석이 끝난 후부터입니다. 유력 후보를 간추려서 회사의 내부사정을 샅샅이 조사합니다. 어디에서 무엇을 만들고 누구에게 팔아서 어떻게 이익을 내는가? 손이 많이 가는 일이지만 제가 가장 좋아하는 작업이기도 하지요."

그는 설명하면서 사무용 책상 아래에서 묵직해 보이는 종이봉투를 하나 꺼냈다.

"이건 의료용 침대를 만드는 회사의 조사 자료입니다."

종이봉투에서 숫자와 그래프가 빽빽이 들어 있는 자료가 나왔다. 대충 《소년 점프》 네 권 분량쯤 되려나. 나는 약간 의심스러운 눈초리로 "이거 전부 읽으셨어요?"라고 물어보았다. 그는 "아, 상상한 대로 전부 읽지는 않았습니다"라며 털털하게 웃었다.

"우리 회사에는 조사만을 전문으로 담당하는 애널리스트가 두 명 있습니다. 그분들이 전부 읽고 이러이러한 상품을 만든다고 팀 모두에게 설명해줍니다. 덕분에 제가 따로 읽을 필요가 없죠."

그가 노트북을 열자 숫자와 그래프가 잔뜩 나왔다.

"이것은 이 회사의 미래를 예상한 자료입니다. 기업은 3개월마다, 혹은 1년마다 한 번씩 기업 실태를 결산하는 보고서를 냅니다. 하지만 그 보고서는 장래에 관해서는 기껏해야 올해의 전망이나 다가올 3년의 계획 정도밖에는 제시하지 못합니다. 그에 비해 우리는 좀 더 미래, 구체적으로는 20년 후의 미래를 예상하고 있습니다. 물론 그것이 맞는지 틀린지는 모릅니다. 그래도 미래 예상도를 그려서 베스트 투자처를 선택하는 것이 우리가 하는 일 중에서 가장 중요한 부분이라고 생각합니다."

그가 "미래 예상도를 위해 이런 자료도 모읍니다"라고 말하며 컴퓨터를 만졌다. 하늘색 작업복에 넥타이를 맨 기묘한 차림의 아저씨가 등장하는 동영상이 흘러나왔다.

"이 분은 이 침대회사의 사장님입니다. 우리는 투자를 할지 말지 정하기 전에 반드시 그 회사의 최고경영자와 창업자를 만나 직접 이야기를 들으려고 합니다."

이윽고 선생님이 보충설명하듯 말했다. "덧붙여 말하면 운용업계에서 투자처의 사장까지 만나러 가는 건 평범한 일이 아닙니다."

화면이 바뀌고 이번에는 말풍선 형식으로 코멘트가 빽빽하게 달린 화면이 나왔다.

"이건 투자하는 회사의 주변 취재를 정리한 자료입니다. 그 회사의 거래처, 출입업자, 경쟁 기업의 간부 등 연고가 있는 사람들을 찾아서 얘기를 들어봅니다. 공장 종업원의 단골 술집에 몰래 잠입해서 듣기도 하죠."

"다시 덧붙이자면 이런 짓까지 하는 건 정말로 평범한 일이 아닙니다."

"이렇게까지 철저히 조사해서 실제로 투자하는 곳은 아주 소수에 불과합니다. 우리나라에는 상장기업이 2,000여 곳 됩니다. 거기에서 약 30곳을 선택하죠. 합격률은 아주 좁은 문입니다."

"미래 예상도가 가장 중요하다고 생각하는 이유는 무엇입니까?"

미나는 이 이야기에 푹 빠진 듯하다.

"음, 그게 말이죠, 좀 주제넘게 들리겠지만 우리의 일이 신의 심부름꾼이기 때문입니다."

"신?" 우리가 동시에 외치는 모습을 선생님이 싱글벙글 웃으며 지켜보았다.

"그래요. 두 분은 '보이지 않는 손'이라는 말을 들어본 적이 있나요?"

우리는 눈을 마주치고 나란히 고개를 갸웃했다.

"애덤 스미스(Adam Smith, 경제학의 아버지라 불린다 - 옮긴이)라는 경제학자가 한 아주 유명한 말인데, 시장의 절묘한 작용을 표현한 문구입니다. 그는 '보이지 않는 손'이라고만 했으나 그 '손'이 신이 내린 것처럼 놀라운 일을 한다고 해서 언젠가부터 '신의'라는 말이 덤으로 붙었습니다."

보이지 않는 손이라. 필살기 느낌도 나고 너무 멋지다.

"시장이란 아시다시피 판매자와 구매자가 만나는 장소입니다. 과일이니 차니 빵이니 온갖 물건들을 사고팔죠. 나는 그러한 시장을 구성하는 상품 중에 긴 안목으로 보자면 자본이야말로 가장 중요하다고 생각했습니다."

"자본이란 무엇인가요?"

"사업을 운영하는 밑천이라고 말하면 좋을까요? 우리가 회

제5장 밝혀진 비밀

239

사에 투자하면 그 돈은 그 회사의 자본이 됩니다. 회사는 그 돈을 밑천으로 공장을 세우고 재료를 구입하고 직원을 고용하죠. 그리고 밑천보다 더 많은 부를 낳아서 투자가와 직원과 사회에 환원합니다. 그 돈이 다시 세상에 돌고 돌아서 일부가 다시 자본이 되는 사이클이 작동하면 세상은 점점 더 풍요로워집니다. 단순히 말하면, 이 부(富)의 재생산 사이클이 자본주의의 기본적 메커니즘입니다."

밑천이 없으면 비즈니스를 할 수 없다. 그 밑천을 빌려주는 것이 투자라는 뜻인가.

"돈이 필요하면 은행에서 빌려도 되겠네요."

"미나, 예리하네요. 하지만 빚에는 갚아야 하는 기간이 있기 때문에 공장을 세우거나 매장을 여는 경우, 일정한 기간 내에 착실히 돈을 벌어서 이자까지 붙여 돈을 갚지 않으면 안 됩니다. 수익이 날 때까지 시간이 걸리는 비즈니스라면 버티기가 힘들겠죠."

빚으로 장사하기가 얼마나 힘든지 지난 숙제 덕분에 잘 알고 있다.

"우리가 투자하는 돈은 기업 입장에서는 자기자본이라서 원칙상으로 갚지 않아도 되는 돈이에요. 배당으로 돈이 나가지 않으니 연간 얼마 내야 하는 비용도 들지 않겠죠. 덕분에 공장과 토지처럼 오래 쓸 수 있는 설비나 장기 인재육성과 연구개발에 안심하고 투자할 수 있어요. 그러면 기업은 이러한 자기자본과 빚을 균형 있게 조합해서 사업을 운영합니다."

미나는 신이 나서 눈을 빛냈다. 하지만 나는 조금 생각할 시간이 필요했다. 러시안티라고는 콕 집어 말할 수 없지만 뭔가 당분이 필요한 순간이다.

"대표님, 애송이 제다이를 위해 잠시 쉴까요?" 마침 선생님이 적절하게 끊어주었다.

그는 초점이 나간 내 얼굴을 보더니 "중학생한테는 버겁겠군요. 그러면 미스터 골드맨의 가르침을 받아 잠시 기분전환 할까요?"라고 웃으며 말하고는 부엌에 가서 따뜻한 차와 푸딩을 쟁반에 담아서 가져왔다. 척척 포장을 뜯어 푸딩을 한입 맛보더니, 배시시 웃는다. 단것을 좋아하시는구나.

"그럼 자본이란 무엇인지까지 얘기했던가요. 그러니까 우리 일은 이렇게 중요한 자본의 배분에 직접 관여하는 것이랍니다. 회사는 여러 곳에서 자본을 조달하기 때문에 우리가 투자하지 않는다고 해서 당장에 곤란을 겪지는 않습니다. 하지만 모두에게 투자를 외면당하면 새로운 공장을 지으려고 해도 자금이 모이지 않겠죠."

과연 투자가에게 미움을 사면 회사를 크게 만들 수 없구나.

"그래서 자본이 필요한 기업은 우리처럼 투자가에게 자금을 받으려고 노력합니다. 그리고 우리 투자가 측에서는 최대한 좋은 기업을 찾아서 돈을 최대한 불리려고 하죠. 이 양측의 노력이 시장에서 만나면 기적이 일어납니다."

대표님의 목소리에 힘이 담겼다. 하지만 기적이라니! 너무 거창한 것 같은데.

"기적이란 말하자면 최적의 자본 배분이 실현되는 것을 의미합니다. 쉽게 말하면 모두를 행복하게 해줄 수 있는 좋은 회사에 필요한 돈이 골고루 흘러 들어가서, 투자한 사람은 물론, 기업도 직원도 사회도, 세상 전체가 모두 행복해진다, 뭐 그런 말입니다."

우리는 얼굴을 마주보았다. 미나의 입이 드물게 벌어졌다, 라고 생각하고 보니 내 입도 벌어져 있었다. "아, 흥분해서 너무 나갔나요"라며 그가 머리를 긁적였다. "그런 것 같으니 내가 좀 보충하지." 선생님이 웃으며 나섰다.

"자본을 둘러싼 시장에 참가하는 기업과 투자가는, 극단적으로 말하면 자신의 이익만을 추구한다는 것이 핵심입니다.

기업은 자본을 손에 넣고 사업을 크게 벌리고 싶다. 자본을 내는 측인 투자가는 좋은 회사의 주식을 사서 돈을 벌고 싶다. 그런 기업과 투자가가 모여서 각자 자신의 이익을 최대화하기 위해 노력합니다."

선생님이 잠시 말을 멈추고 우리가 이해하기를 기다렸다.

"자본이 필요한 기업은 더 좋은 비즈니스를 하는, 더 좋은 회사가 되려고 합니다. 그리고 투자가를 납득시키기 위해 경영 내용을 외부에 설명합니다. 이것은 아주 중요한 일입니다. 창업자와 사장이란 그냥 내버려두면 독재자가 되어 폭주하기 십상이거든요. 그래서 주주가 감시하며 브레이크를 걸어야 합니다. 투자가가 경영을 점검하는 역할을 하는 셈이죠. 투자가도 소중한 돈이 걸려 있으니 필사적이겠죠. 혈안이 되어 좋은 투자처를 찾고 가망이 없는 회사를 어떻게든 피하려 합니다. 스파이처럼 정보를 몰래 빼오는 일도 서슴지 않아요."

"보물을 찾는 탐험가라고 해두죠." 대표님이 쓴웃음을 지으며 말했다.

"이 양측이 열심히 뛴 결과, 자본을 얻는 곳은 착실히 이익을 내는 회사, 즉 세상을 풍요롭게 하는 회사로 좁혀집니다. 거듭 강조하지만 극단적으로 말하자면, 양측에는 자신의 이익에 대한 욕심밖에 없습니다. 그런데 절묘하게도 그 좋은 회사에 마땅히 가야 할 돈이 흘러 들어가는 거예요. 마치 신이 하늘에서 조종한 것처럼. 최선의 결과가 시장을 통해 나오는 겁니다. 이러한 시장의 묘기를 애덤 스미스는 '보이지 않는 손'이라 불렀습니다."

한순간 침묵이 이어지면서 우리에게는 골똘히 생각할 시간이 주어졌다.

"이것이 무리인 줄 알면서도 우리가 미래를 예상하는 이유입니다. 고객의 돈을 착실히 불리기 위해, 그리고 더 큰 시점에서 보자면 이 나라에 좋은 기업이 잘 자랄 수 있게 응원하는 역할이 우리에게 있기 때문입니다. 신의 심부름꾼이라고 호기롭게 말한 이유를 이제 좀 이해하려나요?"

내 머릿속에서는 여태까지 생각해보지 못했던, 상상도 해보지 못했던 세상의 구조가 어렴풋이 보였다. 그런 거였구나. 재미있다, 라고 진지하게 생각하는 찰나에, 자리의 고요함을 깨듯 배에서 꼬르륵 소리가 성대히 울려 퍼졌다. 그리고 일제히 나를 보고 웃음을 터트렸다.

"맡겨줘, 메밀국수를 만들어 올 테니까." 대표님이 자리에서 벌떡 일어났다. 미나가 웃으며 "나도 배고파"라고 말했다.

그렇지. 푸딩만으로는 부족하지.

식당 테이블에는 메밀국수를 푸짐하게 담은 그릇이 두 개 놓여 있었다. 그 사이에 둥글게 자른 붉은 토마토를 담은 큰 접시가 놓여 있고 토마토 위에는 채 썬 차조기 잎이 뿌려져 있다. 보기만 해도 시원하고 먹음직스러워 보였다. 대표님은 우리에게 장국이 담긴 그릇을 순서대로 나눠주면서 "우리 회사에서 자랑하는 수타 메밀국수입니다. 드세요"라고 말했다.

메밀국수는 아주 시원한데다, 그 맛이 일품이었다.

"여전히 솜씨가 좋네. 가게를 내라니까. 이런 회사를 하고 있을 때가 아니야."

"진짜. 국수집 하면 돈 많이 벌겠어요."

"이제 회사는 흑자인가요?"

그가 고개를 휘휘 저으며 "신기루처럼 손에 잡힐 듯 잡히지 않고 멀어지네요. 여유가 좀 생기면 다시 조사에 돈을 다 들이다 보니"라며 껄껄 웃었다.

"회사는 적자인가요?" 미나가 물었다. 시원한 직구다.

"고객에게 1000만 원을 투자받았다 치면, 1년에 15만 원 정도를 보수로 받습니다. 하지만 아직 규모가 작아서 적자입니다. 내년에는 흑자가 되리라고 믿고 있지만요."

"성적이 발군이라서 자산은 순조롭게 늘고 있습니다. 하지만 여전히 규모가 큰 거래는 거절하고 있어요." 선생님이 끼어들자 그는 "뭐 이를 악물고 버티고 있죠" 하고 멋쩍게 웃었다.

"규모가 큰 거래라니, 돈을 많이 맡기는 고객이죠? 거절하면 손해나는 기분이 들 텐데요."

"그런 고객은 해약할 때도 거액이 듭니다. 그래서 갖고 있는 주식을 팔아서 돈을 갚아야 해요. 우리는 20년이든 30년이든 진득하게 투자할 수 있는 회사를 고르기 때문에 그런 큰돈과는 궁합이 맞지 않습니다."

"부끄럼이 많은 이 친구를 대신해서 대답하자면 눈앞의 이익보다 철학을 우선한다는 말입니다."

그는 아니아니, 그런 대단한 건 아니에요, 라고 말하면서 쑥스러운 듯이 메밀국수를 감아올렸다.

점심식사 후, 우리는 1시간여에 걸쳐 투자처 회사에 대한 설명을 들었다. 도중에 공장견학으로 갔던 식품트레이 회사가 나오자 "아, 여기 알아요" 하고 미나가 기억해냈다. "이거 또 은근히 멋진 곳을 알고 있군요. 여기는 정말로 좋은 회사예요. 우리가 처음으로 투자한 곳 중 하나입니다"라며 대표님은 환하게 웃었다.

"오늘은 고마웠어요." 현관에서 선생님이 좀 전과는 달리 정중한 말투로 인사했다. "이쪽이야말로 장래 유망한 제다이를 알게 되어서 영광입니다. 특히 미나, 운용회사에 흥미가 있는 것 같아 기쁘군요." 대표님이 말했다.

나로 말할 것 같으면, 솔직히 조금 따라가기에 벅찬 면도 있었다. 왠지 홀로 남겨진 기분으로 주변을 돌아보는데, 현관 위에 나무로 만든 커다란 판자가 눈에 들어왔다. 수많은 나이테가 새겨진 멋진 목판이었다. 그 오른쪽 아래에는 초록색으로 뭔가가 공들여 쓰여 있었다. "이거 간판인가요?" 내가 물었다.

"네. 창업했을 때부터 저희와 거래하는 고객 중에 임업을 하는 분이 있어요. 사무실을 이전할 때 초대했더니 수령 300년가량 되는 이 노송나무 목판을 선물로 보내주었습니다."

"거기 조그맣게 쓰여 있는 영어가 회사 이름이군요."

"네. 트리링스(Tree rings). 나이테라는 뜻입니다."

"나이테가 하나씩 생기듯 차근차근 돈을 키우겠다는 이 친구의 철학을 반영했답니다."

대표님은 "아니, 조금 민망하네요. 아직 적자인데"라고 부끄러운 듯이 말하면서 출구까지 배웅해주었다. 우리는 차례로 악수를 한 후 헤어졌다.

한증막처럼 숨 막히게 더운 벤츠는 얼마 동안 창문을 열고 달렸다. 미나는 창밖을 바라보며 생각에 잠긴 모습이다. 고속도로를 타고 공장이 드문드문 서 있는 교외에 도착했다. 평소라면 보고도 지나칠 그런 풍경이었으나, 그날은 구름 아래 투명하고 커다란 손들이 공장 위에다 돈다발을 들고 흔드는 모습처럼 보였다.

17강

# 빈부의 차이가
# 커지는 이유

텅, 텅, 텅. 체육관에 드리블 소리가 울려 퍼졌다. 멀리서 덩치 큰 남자가 느릿느릿 뛰기 시작했다. "촹!"

높이 들어 올린 오른손이 링을 치자, 공이 네트를 빠져나오며 바닥에 기세 좋게 떨어졌다.

"와!" 나는 크게 소리 질렀다. "와아!" 미나도 환성을 질렀다. 우리는 선생님이 공을 가지고 돌아오기를 기다렸다가 다 함께 손뼉을 쳤다.

"휴, 네트에 닿아서 다행이야. 아저씨가 되면 애처로울 정도로 점프력이 떨어지거든요."

"부러워요. 저희 팀은 센터도 링에 겨우 손이 닿을 정도인데."

"준, 농구부인가요? 후배군요."

"초등학교에서는 포워드였고 지금은 가드입니다."

"나는 학창 시절에 만년 센터였어요. 신장은 코치할 수 없다. 그런 말도 있었으니 숙명이겠죠. 자, 노는 건 이걸로 끝. 무대 뒤에 칠판이 있어요. 각자 의자를 가져오세요."

오늘 아침 교무실 앞에 집합했을 때, 선생님은 "어디 희망하는 장소라도 있나요?"라고 우리에게 물었다. 나는 1초도 생각하지 않고 "옥상"이라고 대답했으나, 미나가 "그러다 일사병에 걸려"라며 제지. 결국 "셋이서 에어컨을 켜는 것도 낭비니 체육관에서 하자"라고 결정이 난 것이다.

실제로 열어놓은 문에서 가끔씩 시원한 바람이 불어온 덕에, 체육관 안은 한여름이라고는 생각할 수 없을 정도로 쾌적했다. 넓은 무대 한복판에서 칠판을 바라보니 극의 한 장면을 연기하는 것처럼 긴장되었다. 때로는 이런 것도 나쁘지 않다.

"오늘은 이 넓은 무대에 어울리는 중요한 주제입니다. 건물주는 '번다'일까, '받는다'일까, '훔친다'일까? 그간 우리가 길러온 지식을 총동원하겠습니다. 각오는 되어 있겠죠?"

선생님이 우리를 번갈아가며 바라보았다. 우리는 결연히 고개를 끄덕였다.

"그 기개, 마음에 듭니다. 그러면 첫 번째 질문입니다. 건물주란 무엇일까요? 준, 말해주세요."

이거 또 직구다. 너무 직구라서 대답하기 어렵다.

"어. 땅이랑 집을 많이 보유한 사람. 조상 대대로 물려받았다는 느낌입니다."

"전형적이군요. 그러면 미나."

미나는 아주 오랜 시간 고개를 숙이고 생각한 후에 "내게 건물주란 할머니 그 자체입니다"라고 잘라 말했다.

"할머니는 이 지역에서 굉장히 많은 부동산을 관리하고 계세요. 할아버지가 돌아가신 이후로 쭉이요. 평소에는 음악과 독서를 좋아하는 온화한 분입니다. 하지만 돈이나 건물과 관련되면 말투부터 표정까지 백팔십도로 달라집니다. 뭐라고 할까, 반론을 용납하지 않는 컴퓨터 같은."

놀랍다. 늘 인자하게 웃는 우리 할머니와는 천지차이구나.

"언제 그런 할머니의 모습을 보았습니까?"

"부동산 직원이 정기적으로 보고하러 찾아와요. 해마다 몇 번씩, 나와 오빠가 그 자리에 동석하죠. 가만히 듣고 있으라고 말씀하셔서."

"일종의 영재교육이군요. 그래서 평소와 다른 할머님을 접하고 미나는 건물주란 어떤 사람이라고 생각했나요?"

미나는 미간에 깊게 주름을 짓고 골똘히 생각에 잠겼다. 겨우 입에서 나온 말은 "모르겠어요"라는 자신 없는 대답이었다.

"할머니는 마치 작은 왕국의 여왕 같다는 느낌?"

여왕이라. 좋은 느낌은 아닌 것 같군. 할머니를 여왕이라고 느끼다니 상상도 할 수 없다.

"회사 직원들이 할머니 앞에서 긴장하는 탓만은 아니에요. 할머니가 '이 동네'라고 말할 때는 마치 자신의 영토라도 되는 양 독특한 울림이 있습니다."

미나는 미간을 더 찡그리더니 "너무너무 싫어요. 그럴 때의 할머니가"라고 말하고는 턱을 치켜들고 선생님을 올려다 보았다.

"그야 우연히 선조가 시골의 토지를 갖고 있었고 거기에 전철이 지나가서 많은 사람이 살게 되면서 그들이 일해서 꼬박 꼬박 집세를 냈을 뿐이죠. 그런데 남보다 빨리 장소를 선점했다고 왕처럼 행세하는 게 이상해요. 토지는 원래 누구의 소유도 아니고요. 그냥 대대로 갖고 있던 땅을 물려받은 것인데, 여왕처럼 행세하다니 기분 나빠요."

말이 끝나고 나서도 미나의 미간에 난 주름은 지워지지 않았다. 내가 미나의 마음을 어떻게 헤아릴 수 있으랴? 토지를 가졌다는 것조차 실감이 나지 않는데.

"바로 핵심에 들어갔군요. 미나의 혐오감은 정당한가, 여기서는 신중하게 접근해봅시다. 마지막으로 반드시 건물주란 무엇인가에 도달하겠습니다. 잘 따라오세요."

"네! 그랜드마스터." 내가 장난스럽게 대답했다. 미나도 "네, 마스터 골드맨" 하고 웃으며 대답했다. 선생님이 어깨를 으쓱했다.

"그러면 첫 단서입니다."

칠판에 자석으로 붙인 것은 어떤 아파트의 광고였다. '역까지 도보로 8분', '지은 지 10년, 리모델링 완비'라는 문구가 겨냥도(건물 따위의 모양이나 배치를 알기 쉽게 그린 그림 - 옮긴이)와 함께 붙어 있다.

"전단지에 따르면 이 물건의 가격은 3억 원입니다. 여기서

문제. 이 아파트를 빌린다고 하면 집세는 매달 얼마 정도일까
요?"

"100만 원쯤 하지 않을까요?" 미나가 대답했다. 그런가.

"정답. 이 주변 시세를 보면 역에서 걸어갈 수 있으면서 4인
가족이 살 만한 아파트는 거의 월세가 100만 원대입니다. 여
기에서 시점을 건물주 측으로 바꿔봅시다. 가령 집세가 한 달
에 150만 원이라고 치면, 연간 1800만 원의 수입이 들어옵니
다. 집세 수입의 이율은 연 6%가 되고."

$$집세\ 150만\ 원 \times 12개월 = 1800만\ 원$$

$$\underline{1800만\ 원} \div \underline{3억\ 원} = \underline{⑥\%} \,☆$$
연간집세수입 　투자금액 　이율

나는 엉겁결에 "은행예금보다 훨씬 좋네" 하고 말했다.

"얼핏 보면 그렇게 보이지만 그렇게 만만하지 않습니다. 먼
저 건물주의 실제 이율은 더 낮아요. 일단, 부동산에 드는 세
금을 내야 합니다. 유지비도 들죠. 빌려주는 동안에 벽지와 전
기, 배수설비 등을 전부 손봐야 합니다. 그것만이 아니에요. 은
행 예금은 원금이 보장되지만, 아파트에는 집값 하락 리스크

가 있습니다. 5년이 지나면 지은 지 10년 된 아파트는 15년짜
리 물건이 되어 인기가 떨어집니다. 경기가 나빠져서 집을 사
려는 사람이 줄어들지도 몰라요. 3억 원에 산 물건이 2억 원
에 팔리기도 하고."

집세 ...... 1800만 원 × 5년 = 9000만 원
매각 손실 ...... 3억 원 − 2억 원 = 1억 원
총 집세 9000만 원 − 매각 손실 1억 원
= -1000만 원 !!

어라. 합산하면 마이너스가 되잖아.

"매매와 관리에 얽힌 비용을 생각하면 손실은 더 커지게 됩
니다. 반대로 구입한 집값이 오르기도 하죠. 좀 전의 예를 들
어보면, 4억 원으로 가격이 오른 경우 집세 9000만 원에 플러
스 1억 원의 매각이익이 발생합니다. 문제는 어느 쪽이 될지
예상되지 않는다는 점입니다. 그래서 집을 사는 것은 불확실
한 미래를 거는, 즉 리스크를 지는 행위라고 할 수 있습니다."

그것도 몇 억 원이나 되는 돈을 들여서. 무섭다.

"절대 손해는 보지 않지만 돈벌이가 되지 않는 은행예금. 손

해를 볼지도 모르지만 돈을 벌지도 모르는 집 구입. 균형이 딱 맞는다고 생각하지 않나요?"

"리스크를 지지 않으면 돈을 벌 기회도 없다는 뜻인가요?"

"역시 미나. 자, 여기에서 트리링스를 떠올려보세요. 그 회사는 호황기이던 해에 100% 이상 가치가 오른 적이 있습니다. 고객이 맡긴 돈이 1년 만에 두 배가 되었죠. 하지만 아무리 좋은 회사를 골라도 시장 전체가 불황에 빠지면 손해를 보는 것이 주식 투자의 운명입니다. 실제로 최악의 시기에는 1년에 50% 가까이 손해를 보기도 하죠."

소중한 돈이 두 배가 되었다가 절반이 되었다가 하면 속 편할 날이 없겠구나.

"여기에서 '리턴(return)'이라는 전문용어가 등장합니다. '이익'이라는 말입니다. 리스크와 리턴에는 이런 관계가 있습니다."

〈은행예금〉
낮은 리스크 (low risk) → 낮은 리턴 (low return)

〈부동산〉
중간 리스크 (middle risk) → 중간 리턴 (middle return)

## 〈주식〉

### 높은 리스크 (high risk) → 높은 리턴 (high return)

흠. 역시 세상은 만만치 않아.

"리스크와 리턴의 관계는 우리 주변에서 흔히 볼 수 있습니다. 예를 들어 농구가 그렇죠. 골대 밑에서 던진 슛은 2점, 리스크를 지고 멀리서 던진 슛은 3점입니다."

우리는 무대에서 코트를 내려다보았다. 저 라인은 리스크와 리턴의 구분선일까?

"자, 7부 능선 부근까지 왔습니다. 잠깐 한숨 돌릴까요? 준, 고객은 큰 리스크를 지고 주식에 투자해서 제법 괜찮은 리턴을 얻습니다. 이 투자는 '번다'와 '받는다' 중 어디에 해당될까요?"

여기서는 '번다'로 대답해야 하는 흐름이지만 이 아저씨는 함정 문제를 좋아한다. 왠지 떨떠름한 상태에서 문득 '신의 심부름꾼'이라는, 전에 만난 대표님의 말이 뇌리에 떠올랐다. 머릿속에서 안개가 걷히고 별안간 시계가 열리듯 번쩍 빛이 났다. 그리고 정신을 차려보니 "'번다'라고 생각합니다"라고 말하고 있었다.

"오, 바로 대답하려고요? 이유는?"

"정리된 건 아니지만…… 신의 심부름꾼이란 말이 머릿속에 떠올랐습니다."

선생님의 얼굴에서 미소가 사라지고 약간 놀란 표정이 되었다.

"투자하는 회사를 신중히 고르는 것이 신의 심부름꾼이라면, 거기에 돈을 내고 참가하는 것은 '번다'고 해도 좋지 않을까 생각했습니다."

음, 그렇다. 신의 일이 '받는다'라면 한심하겠지.

"와, 방금 한 말 놀라운데요? 지난번 배운 수준 높은 이야기를 잘 소화해서 '번다'임을 직감한 점, 그리고 그 직감에 몸을 맡기고 조금의 주저함도 없이 바로 대답한 점, 전부 놀랍습니다."

미나가 고개를 끄덕이는 모습이 눈에 들어왔다. 나는 얼굴이 상기되었다.

"지금까지 배운 것이 준 안에 결실을 맺은 모양이군요. 지금의 감각을 잊지 마세요. 지식과 정보가 뒷받침된 직감은 무서울 정도로 정확합니다. 7할에서 9할은 정답을 도출해낸다고도 해요. 준비가 부족한 상태에서 떠오른 직감은 단순히 즉흥적인 착상에 불과하지만요."

미나가 엄지손가락을 척하고 올렸다. 나도 같은 포즈로 화답했다.

"약간 사족을 덧붙이자면 세상의 부를 늘리는 사람, 숫자로 말하자면 평균 이상의 GDP를 만들어내는 사람, 이것이 '번다'였습니다. '불린다'도 같은 척도를 적용시킬 수 있습니다. 때로 주식 투자가 큰 손해를 끼쳐도 장기적으로는 높은 리턴을 기대할 수 있죠."

그렇지 않으면 하지 않겠지.

"투자가의 '불린다'는 이면에는 기업의 '빌린다'가 있습니다. 투자가에게 빌린 자본을 밑천으로 기업이 사업을 해서 투자가에게 이익을 배분하는 거죠. 주식 투자가 높은 리턴을 낳는 이유는 기업이 자본을 써서 '번다'의 가치에 맞먹는 부를 창출하기 때문입니다. 시장경제의 주역은 기업입니다. 리스크를 지고 기업에 소중한 돈을 투자하는 투자가는 경제성장을 뒷받침하는 보이지 않는 주역이고요. 돈을 벌고 싶어서 한 투자라도, 그것이 세상에 도움이 되고 사람들에게 도움이 됩니다."

그야말로 보이지 않는 손인가.

"경제에 대한 공헌을 생각하면 이것은 '번다'에 해당된다고 나는 확신합니다. 현실에서 땀을 흘리며 일하는 것은 기업,

즉 거기에서 일하는 사람들입니다. 소중한 돈을 잃을지도 모를 리스크를 지고 조마조마해하면서 땀을 흘리는 것이 투자가들의 역할이고요."

기왕이면 흠뻑 흘리는 땀이 낫다.

"같은 맥락으로 부동산 투자, 아파트나 주택, 빌딩의 임대 비즈니스를 생각할 수 있습니다. 이쪽도 리스크가 따르게 마련입니다. 원하는 집세를 받지 못할 수도 있습니다. 불황으로 사무실을 임대하려는 사람이 안 나타날지도 몰라요. 물건의 가치가 떨어질지도 모르고. 그래도 세금과 유지비 같은 비용은 들죠. 집주인도 편치만은 않습니다. 하지만 '그렇기 때문에 해볼 만하다'라는 논리가 성립한다는 걸 우리는 방금 배웠습니다. 미나, 어떻습니까?"

"리스크를 지지 않으면 돈을 벌 기회가 없다."

"네. 리스크를 질 때, 신중하게 지면 그에 걸맞은 보상이 따른다는 의미이기도 합니다."

그렇게 고생하는데 돈을 벌지 못하면 아무도 하지 않겠지.

"부동산 시장에도 보이지 않는 손은 작동합니다. 어디어디역에서 걸어서 몇 분, 지은 지 몇 년쯤 되면 '이 정도의 집세'라는 시세가 저절로 생기죠. 집세에 작동하는 시장 메커니즘은 부동산을 매매하는 시장에도 영향을 미칩니다. 높은 집세를 받을 수 있는 주택은 가격이 오르고 반대라면 가격이 내려갑니다."

신이란, 여기저기서 바쁘구나.

"그러면 준, 머리가 잘 돌아가는 것 같으니 내친김에 한 가지 더 질문하겠습니다. 건물주는 '번다'와 '받는다' 어느 쪽일까요?"

전에 미나는 '버는' 사람에게 세를 받는 건물주는 '받는' 사람이라고 생각한다고 했었다.

하지만 과일가게 주인도 이발소 주인도 다들 누군가가 받은 급료에서 대가를 받는다. 그 상태라면 무엇이든 '받는다'가 되어버린다.

그렇지만 건물주는 일하지 않는다고 할까, 편하게 돈 버는 느낌이 드는 것도 사실이다. 에휴, 어렵다.

"이번에는 헷갈리는군요. 그러면 여기서는 대대로 물려받은 부동산이 아니라 자력으로 투자한 건물에서 집세 수입을 얻는다고 생각해보세요."

그건 건물주답지 않다고 생각하면서, 나는 대답했다. "그렇다면 '번다'가 된다고 생각합니다." 미나는 고개를 갸웃했다.

"단순히 생각해서 건물주는 돈을 법니다. 집세로 한 달에 몇천만 원이나 벌어들이는 사람이 '번다'에 들어가지 않는 건 이상하다고 생각합니다."

"과연. 그럼 미나도 의견을 말해보세요."

미나는 "그건…… 계산상으로는 많은 부동산을 보유하고 있으니 준 말이 맞는다고 생각합니다. 하지만……" 하고 말끝을 얼버무렸다.

"미나답지 않게 시원하게 대답하지 못하는군요. 왜 시원하게 논리적으로 생각할 수 없는지 그 이유는 상상할 수 있습니다. 문제를 잘못 인식하고 있기 때문이죠. 아니면 따로따로 생각해야 하는 문제를 함께 생각하고 있던가요."

한동안 침묵이 흘렀다. 미나는 갈피를 잡지 못한 표정이다.

내가 "방금 전의 사례에서"라고 입을 열자 두 사람이 이쪽을 쳐다보았다.

"저는 그 건물주가 자기가 번 돈으로 주택을 사서 다른 사람에게 빌려준 것으로 생각했습니다. 그러면 소중한 돈으로 상당한 리스크를 지게 되니 '버는' 만큼 이익을 내지 않으면 버틸 수 없지 않을까 싶어서. 하지만 가령 유산 같은 걸로 물려받은 건물의 집세로 부자가 된다고 생각하면……."

나는 미나를 흘깃 보고 나서 "어딘가 석연치가 않습니다"라고 덧붙였다.

선생님이 크게 웃으며 "미나도 그렇게 생각합니까?"라고 물었다. 미나가 고개를 가볍게 끄덕였다.

"이것이 함정입니다. 우리가 배운 기준을 다시 생각해봅시다. '번다'는 부의 증대에 보통 이상으로 공헌합니다. 그리고 주식과 부동산 같은 투자 리스크를 받아들이는 것도 부의 증대에 공헌합니다. 이 기준만 놓고 보면 결론은 '번다'가 된다고 나는 믿습니다."

여기까지는 막힌 데가 없다.

"그래도 뭔가 석연치 않다면? 그것은 두 사람이 그 이면에 경제적 불평등, 빈부의 격차라는 다른 문제를 민감하게 받아들였기 때문이라고 추측합니다."

그래, 그거야. 왠지 불공평한 느낌이 든다.

"왜냐하면 주식이나 부동산에 대한 투자, 이렇게 돈을 '버는' 길은 밑천을 충분히 가진 사람, 즉 어느 정도 돈이 있는 사람에게만 열려 있기 때문입니다."

선생님은 거침없이 말하더니 칠판에 큼직하게 짧은 수식을 적었다.

$$r \rangle g$$

뭐야 이건. r은 g보다 크다는 의미겠지만 무엇을 뜻하는지 얼른 이해가 되지 않았다.

"이것은 프랑스 경제학자 피케티(Thomas Piketty)가 제시한 부등식입니다. 그의 충격적인 가설은 전 세계에 큰 논쟁을 불러일으켰죠. 그 핵심이 담긴 식입니다. r은 자본수익률, 주식과 부동산에 대한 투자 리턴을 보여줍니다. g는 경제성장률입니다. 피케티는 여러 나라의 데이터를 조사해서 긴 안목으로 보면 경제 전체의 성장보다 투자로 돈을 버는 속도가 더 빠르다고 주장했습니다."

이번에도 침묵이 길었다. 솔직히 살 것 같다. 내 머리는 조금씩 따라가지 못하고 있었다.

"이게 무엇을 의미하는지 알겠습니까?"

"…… 투자를 할 만큼 돈이 많은 부자가 점점 더 부자가 된다."

"엑설런트! 미나, 완벽합니다."

아, 이게 그런 의미인가?

"순서대로 살펴봅시다. 먼저 이 부등식은 투자는 '번다'에 해당된다는 앞서 우리가 내린 결론을 바꿔서 말한 것뿐입니다.”

투자는 경제성장보다 부를 더 빨리 늘린다. 그래서 ‘번다’가 된다. 음, 그렇구나.

“이것이 사실이라면 어떻게 될까요? 일단 투자할 여유가 있는 부자는 점점 더 부를 축적합니다. 복리 매직을 떠올려보세요. 빚과는 반대로 자산이 눈덩이처럼 불어납니다. 한편 밑천이 없는 서민에게는 그 길이 닫혀 있습니다. 평균적인 사람이라면 평균적인 경제성장의 혜택밖에 누리지 못합니다. 이것은 거의 평균 정의에 가깝습니다. 그 결과 빈부의 격차는 점점 벌어지죠. 피케티는 이것이 현행의 시장경제의 구조적 결함이며, 그냥 내버려두면 해결될 수 없다고 주장하고 있습니다.”

해결 불가능이라. 나는 나와 미나가 앉은 의자 사이에 깊은 골이 있는 듯한 착각에 빠졌다.

“피케티가 한 말이 사실인가요?”

“말이 안 된다고 의심하는 사람도 있습니다. 다만 요 몇십 년 사이 전 세계에서 빈부의 격차가 확산되었다는 사실은 부정하기 어렵죠. 이 격차 문제는 현대 우리 사회가 안고 있는 가장 중요한 문제 중 하나입니다. 격차 문제에는 피케티의 부등식 외에도 두 가지 큰 요인들이 서로 얽혀 있어, 해결하기 어려운 문제가 되었습니다."

여기서부터 다시 복잡해지는 것일까? 따라갈 수 있으려나.

"자, 호기롭게 떠들었습니다만, 이 화제는 여기까지입니다."

나는 그만 의자에서 떨어질 뻔했다.

"멋진 반응, 고맙습니다."

"왜 재미있어지려는 순간에 멈추는 건가요?"

"샛길로 빠져서 길을 잃을 것 같아서입니다. 일단 우리가 가던 길을 마저 걸어서 전망이 좋은 곳으로 갑시다. 격차 문제는 기회가 있을 때, 과외수업으로 하고."

이의는 없었다. 미나도 수긍했다.

"고맙습니다. 그러면 본론으로 돌아갑시다."

선생님은 부등식을 지우고 익히 아는 두 개의 리스트를 단숨에 칠판에 적었다.

| 교사 | 번다 |
|------|------|
| 곤충학자 | 받는다 |
| 빵집 주인 | 훔친다 |
| 사채업자 | 빌린다 |

```
도박업자            불린다
  건물주
  회사원
  은행가
  성 노동자
```

"우리는 마지막으로 남은 건물주가 '번다'로 분류된다는 결론을 얻었습니다. 동시에 돈을 얻는 다섯 가지 방법에 관해 일정한 식견을 얻기에 이르렀습니다."

여러 직업과 어디서나 볼 수 있는 흔한 말들이 각각의 색깔과 뒤엉켜서 머릿속에 들어왔다. 아주 조금 세상을 알 것 같은 기분이 들었다. 생각해보면 참 멀리까지 왔다. 미나와 눈을 마주치고 웃으며 함께 고개를 끄덕였다.

"여태까지 내가 이 반에서 강의한 내용은 결코 낮은 수준이 아니었습니다. 그런데도 두 사람은 내가 상상한 이상으로 깊이 이해했고, 때로는 상상을 뛰어넘는 지혜를 보여주었습니다."

성취감이 끓어올랐다. 미나도 자랑스러운 표정이다.

"그리고 이제 마지막 수수께끼가 남았습니다."

선생님이 입가에 웃음을 띠면서 우리를 번갈아가며 바라보았다. 도발하는 듯한, 짓궂은 음모를 꾸미는 듯한 표정이 진심으로 즐거워 보였다.

"준, 돈을 얻는 여섯 번째 방법을 알아냈습니까?"

멍청하게도 까맣게 잊고 있었다. 나는 입을 떡 벌린 채 아무 말도 하지 못했다.

"망연자실한 모습이군요. 미나, 어떻습니까?"

"그 이후로 쭉 생각해봤습니다. 하지만 모르겠어요."

선생님은 만족스러운 듯 고개를 끄덕이고는 양손을 활짝 펼치고 무대 중앙으로 나갔다. 그리고 체육관 안이 쩌렁쩌렁 울려 퍼지도록 낭랑한 목소리로 외쳤다.

"아아! 도전할 보람이 있는 문제에 맞서는 이 고양감! 아주 좋군요!"

그 얼굴은 정말로, 정말로 행복해 보였다. 우리도 덩달아 미소 지었다.

"자, 나는 괴물도 악마도 아닙니다. 풀지 못하는 수수께끼를 애제자에게 던지는 흉내는 내지 않겠습니다."

말을 마치자 집게손가락을 세우고 뒤돌아서서 칠판을 가리켰다. "여섯 번째 방법, 돈의 본질을 쥔 가장 신비한 방법의 실마리는 이미 여기에 적혀 있습니다."

나는 머릿속으로 직업 리스트를 읽고 나서 다섯 가지 방법을 다시 보았다. 미나도 나와 똑같이 했으리라.

"그리고 이것이 또 하나의 힌트입니다."

선생님이 주머니에서 접은 종이를 꺼냈다. 펼치자 신사임당이 나왔다. 5만 원짜리 지폐다.

"두 사람에게 빌려주죠. 주산 동아리에서 내는 마지막 숙제입니다. 이번에는 한 주를 건너뛰고 여름방학 마지막 주에 마지막 강의를 하겠습니다. 수수께끼 풀기를 즐길 시간도 충분하고 작전회의도 자유입니다. 그러면 잘 지내시길."

선생님은 커튼콜을 하는 배우처럼 인사를 하고 무대에서 훌쩍 뛰어내렸다. 그리고 바닥에 뒹구는 농구공을 주워서 무대와 반대 방향에 있는 골대를 향해 달리기 시작했다. 그리고 힘차게 뛰어오른 거구의 남자는 공중에서 몸을 돌리더니 "좌악!" 양손으로 보란 듯이 백덩크를 해냈다.

"예스!"

선생님은 멋지게 승리의 포즈를 취하고는, 우리에게 박수칠 틈도 주지 않고 문 저편으로 사라졌다.

방과 후

# 길었던 하루

여름 더위가 조금 사그라진 듯한 어느 오후, 집으로 엽서 한
장이 도착했다.

숙제가 머리 한구석에 콕 박혀 있어서 "어, 미나가 보냈구
나" 하고 엄마가 엽서를 건네주었을 때는 작전회의의 소집 지
령인 줄만 알았다. "어머, 중학생답지 않게 글씨를 잘 쓰네"라
고 해서 보니 확실히 그랬다. 주눅이 들면서도 눈은 왼쪽 구석
에 적힌 메시지로 빨려 들어갔다.

'다음 주 월요일, 시간 괜찮으면 오후 2시에 우리 집에 올 래? 미나.'

바로 답장을 하려고 전화를 걸려는데, 엄마가 "대충 넘어가 지 마! 너도 엽서로 보내!"라고 티셔츠의 목덜미를 붙잡았다.

"무리야. 이 수준으로 답장을 쓰라니."

"똑같이 하려는 생각이 틀렸지. 빨리 편의점에라도 가서 엽 서 사 와."

다음 주 월요일, 나는 엄마에게 떠밀려 프루트젤리 세트를 사들고 미나네 집으로 향했다. 도착했을 때는 살인적 더위로 일사병에 걸리기 직전이라, 어쨌든 그늘로 피신하고 싶은 상 태였다. 덕분에 아무런 주저 없이 인터폰을 눌렀다.

"누구십니까?" 무뚝뚝한 목소리가 흘러나왔다. 일하는 분 인가?

"이 댁 아가씨, 아니, 미나랑 같은 학교에 다니는 친구입니 다."

들어오세요, 라는 목소리가 들리더니 저절로 문이 열렸다. 마당으로 통하는 벽돌이 깔린 통로를 걷노라니 마중 나온 미 나가 보였다.

"준, 고마워! 오늘 진짜 덥지."

소매 없는 새하얀 원피스를 입은 미나는 땀 한 방울 흘리지 않아서, 한여름의 햇살 속에서도 시원해 보였다.

미나는 현관에서 샌들을 벗으면서 "벌써 다들 모여 있어"라고 말했다.

"모여 있다고?"

"응. 내가 연 이벤트에 초대한 거라서."

어라. 작전회의가 아닌가.

"준. 오랜만이네. 어머, 그렇게 마음 쓰지 않아도 되는데."

변함없이 미인인 어머니가 "공주님, 어서 회장으로 데리고 가는 게 좋을까요?"라고 장난스럽게 묻자 미나가 "응. 바로 시작하고 싶어"라고 대답했다.

당황하면서 나는 두 사람 뒤를 쫓아갔다. 두 건물을 잇는 짧은 복도가 안채에서 떨어진 교사 같은 2층짜리 건물로 이어졌다. 미나가 "회의 같은 걸 하는 별채야"라고 설명했다. 안으로 들어가자 1층에 있는 두 개의 문에 '중회의실', '소회의실'이라고 간판이 걸려 있었다. 계단 바로 앞에는 화살표로 '대회의실'이라는 표시가 보였다. "먼저 갈게." 어머님이 중회의실로 들어가면서 문 틈새로 나에게 윙크했다. 복도에는 우리 두 사람만 남았다.

"놀라게 해서 미안. 혼자서라도 해치울 작정이었는데 준이 와줘서 마음이 든든하다."

사태가 파악되지 않아서, 나는 애매하게 웃어 보였다.

"무슨 이벤트인데?"

"음. 수수께끼 풀이?"

"아. 그러면 알아냈어? 여섯 번째 방법."

"아니, 아니야. 그쪽이 아니라 다른 수수께끼."

점점 더 영문을 알 수 없었다.

"도와줄 일 있어?"

"혼자서도 괜찮아. 하지만 마지막까지 지켜봐줘."

미나의 눈은 실제 경기에 들어가기 직전의 운동선수처럼 긴장감이 돌았다. 나는 음, 그런 미나도 되게 예쁘다고 생각했다.

"응. 뭔진 모르겠지만 마지막까지 눈을 부릅뜨고 지켜볼게."

미나는 생긋 웃으며 내가 안으로 들어가게 문고리를 당겼다.

회의실은 학교 교실의 절반가량 되는 넓이에, 입 구자(ㅁ) 모양으로 나무결이 살아 있는 목조 책상이 놓여 있었고 입구 반대편에는 화이트보드가 서 있었다. 먼저 온 손님들이 책상을 둘러싸고 앉아 일제히 나를 쳐다보았다. 왼편에는 놀랍게도 미스터 골드맨. 그 맞은편에는 미나 엄마와 어떤 아저씨가 앉아 있었다. 아마 아버지겠지. 언젠가 앨범에서 본 준엄한 소년의 얼굴이 남아 있다. 그리고 내가 선 자리에서 가장 가까운 곳에 가냘픈 체구의 할머니가 앉아 있었다. 미나의 할머니는 고개를 갸웃하듯 몸을 비스듬히 기울이고 나를 보며 희미하게 미소 지었다. 여왕이라기보다 교장 선생님처럼 보였다.

네 명의 어른을 빙 둘러보고, 나는 선생님의 한 자리 건너 자리에 앉았다. 미나가 우리 뒤를 지나 화이트보드 앞으로 걸어가 천천히 고개를 숙이고 인사했다.

"오늘 이렇게 와주셔서 감사합니다. 동아리에서 함께 공부한 친구를 소개합니다. 이름은 준이고요, 선생님은 미스터 골드맨이라고 부르고 있습니다."

나는 앉은 채로 고개를 숙였다. 미나의 딱딱한 말투에 괜스레 마음이 심란해졌다.

미나는 메모를 보면서 화이트보드에 조심스레 이렇게 썼다.

〈우리가 배운 것〉
- '번다', '받는다', '훔친다'는 어떻게 다른가?
- 필요악과 불필요한 악
- '불린다'와 '빌린다'와 보이지 않는 손

"처음에 배운 것은 돈을 얻는 세 가지 기본적인 방법입니다. 이 말들은 보통과는 다른 의미를 갖고 있습니다. '번다'는 세상이 더 풍요로워지도록, 많은 부를 창출한다는 의미입니다. 단, 단순히 많은 돈을 번다고 해서 '번다'가 되지 않습니다. 누군가를 희생시켜서 큰돈을 버는 것은 '훔친다'에 해당합니다."

나는 당장이라도 "사채업자는 '훔친다'입니다"라는 말이 튀어나올까 봐 조마조마했다.

"공원에 비유해서 설명하겠습니다. 내가 오기 전보다 공원을 깨끗하게 치우는 사람, 즉 태어나기 전보다 세상을 풍요롭게 하는 사람이 '번다'입니다. 일부러 공원을 더럽히는 것은 '훔친다'입니다. 그러면 '받는다'는 무엇인가? 간단히 말해 '번다'도 '훔친다'도 아닌 사람이 분류상 '받는다'에 들어가게 됩니다. '번다'만큼은 아니지만, 부를 창출하는 사람. 경찰관과 소방관처럼 돈벌이에는 직접 연결되지 않지만 중요한 일을 하는 사람. 장애인처럼 사회가 지원해줘야 하는 사람. 이러한 다양한 사람이 들어가는 큰 그룹이 '받는다'입니다."

아주 깔끔하게 정리했다. 선생님이 만족스러운 듯이 고개를 끄덕였다.

"우리는 '번다'와 '받는다'를 합친 집단이 보통 사람이라는 결론에 도달했습니다. 공원을 더 깨끗하게 치우는 사람과 자신의 주변을 청소할 수 있는 사람, 청소는 서툴지만 공원을 써도 된다고 모두에게 인정받은 사람, 이들은 모두 보통 사람입니다. '번다'와 '받는다'는 단순히 돈을 잘 버는지를 기준으로 삼은 것이라서, '번다'에 속한다고 해서 더 대단한 게 아니라 저마다가 자신의 역할을 담당한다, 자기 자리를 지키는 것이 중요하다고도 배웠습니다."

음. 인간은 보통으로 충분하며, 보통이 최고라는 말이다.

"그러면 보통 사람은 모두 좋은 사람이냐. 선생님은 그렇지 않다는 사실도 가르쳐주셨습니다. 그것이 필요악이라는 개념입니다. 대표적인 예가 도박입니다."

드디어 왔다. 곁눈질로 보니 아버님의 얼굴이 벌써부터 어두워진 것 같았다.

"도박을 좋아하는 사람은 어느 시대에나 있고 도박은 없어지지 않습니다. 바람직한 일은 아니지만 그것도 인간사회의 일부입니다. 그래서 해악을 인정받은 존재로 자리매김했다, 필요악이란 그런 의미로 이해했습니다."

미나는 내내 아무도 없는 정면에 시선을 두고 이야기했다.

"필요악이 있으면 불필요한 악도 있습니다. 우리는 다양한 직업을 조사하는 가운데 세상에 해악밖에 없는 직업의 하나로 사채업자가 있다고 논의했습니다."

나는 숨이 멎었다. 도무지 아버님에게 시선을 줄 수가 없었다.

"제대로 된 돈 관리를 하지 못하는 사람에게 돌려받을 턱이 없는 높은 금리로 돈을 빌려주는 것은 그 사람에게 도움이 되지 않는다, '빌려주는 것도 친절, 빌려주지 않는 것도 친절'이란 말도 배웠습니다. 돈을 빌려주고 빌리는 것은 빌려주는 쪽과 빌리는 쪽, 양쪽이 냉정할 때에는 편리하고 도움이 되는 거래입니다. 하지만 사채업자는 그러한 조건을 충족시키지 못합니다. 무리하게 돈을 빌린 사람은 돈만이 아니라 가족과 인생 자체를 잃어버리는 수도 있습니다."

미나의 목소리는 평소와 다르지 않았다. 어째서 이렇게 냉정하게 말할 수 있는 거지? "그리고 우리는 '보이지 않는 손'이라는 개념도 배웠습니다. 이것은 돈을 필요로 하는 회사와 돈을 출자하는 투자가가 각자 열심히 돈을 벌려고 하면 절묘하게 균형이 이루어지며, 필요한 곳에 돈이 골고루 미치는 구조입니다. 보이지 않는 신의 손이 작동할 수 있게 돈이 잘 쓰이면 세상은 더 빠르게 풍요로워집니다. 우리는 부동산 투자도 이와 비슷하다고 논의했습니다. 부동산과 주식 투자에는 리스크가 있으며, 그것을 짊어진 투자가는 경제성장에 공헌한다고 생각할 수 있습니다. 전에는 건물주가 토지와 건물을 갖고 있기만 하는 데 돈을 번다, 너무 치사한 일이라고 생각했습니다. 하지만 돈과 부동산을 올바로 활용하는 것은 그렇게 간단하지 않으며, 그렇게 하는 것은 세상에 도움이 되는 일이라고 배웠습니다."

여기서 미나가 보리차로 목을 축였다. 나도 테이블에 놓인 컵에 손을 뻗었다.

"이로써 지금까지 배운 내용을 간단히 정리해보았습니다. 저는 우리 가족이 하는 일에 관해 이렇게 깊이 생각해본 적이 없었습니다. 하지만 덕분에 지금은 생각이 분명해졌습니다."

미나가 호흡을 가다듬었다.

그리고 처음으로 아버지를 똑바로 바라보았다.

"나는 아빠가 늘 일하느라 고생하는 걸 알고 있어. 가족을 위해 일하는 것도 감사하게 생각해. 하지만 대부업은 그만뒀으면 좋겠어. 게임장도 그만둬줘. 부동산이나 뭐 다른 보통의 일에 전념했으면 좋겠어."

두 사람은 눈을 피하지 않았다. 어머니는 옆에서 아버지의 얼굴을 살폈다. 걱정한다기보다 흥미진진한 모습이다.

"하고 싶은 말은 그것뿐이니?"

아버지가 입을 열었다. 우락부락한 얼굴에 어울리는 저음이다. 미나가 고개를 좌우로 흔들었다.

"아빠, 어째서 얘기해주지 않았어? 왜 선생님을 데려와서 학교에서 동아리 같은 걸 열었어?"

내 심장이 쿵, 내려앉았다. 맥박이 빠르게 뛰었다.

미나의 아버지가 주산 동아리를 열었다고?

선생님을 바라보았다. 입가에 미소를 띠고 고개를 끄덕이고 있었다.

정말로 그런 건가? 하지만 어째서?

"지금도 하고 싶은 말은 그것뿐이냐, 미나."

"그건 내가 하고 싶은 말이야, 아빠. 자기 딸한테, 자신이 직접 하고 싶은 말은 없어?"

미나의 목소리가 비난조로 바뀌었다. 이거 분위기가 심상치가 않다.

아버지가 의자에서 일어나 미나의 눈을 똑바로 쳐다보았다.

"부모가 하는 일에 이러쿵저러쿵 참견하는 거 아니야."

그렇게만 말하고 출구를 향해 걷기 시작했다. 미나는 입을 열었지만 말이 나오지 않는 모양이었다. 얼핏 눈물이 어리는 것이 보였다.

"기다리렴."

문고리에 손을 댄 아버지가 순간 걸음을 멈췄다.

거스를 수 없는 그 목소리는, 그야말로 여왕의 것이었다.


"두 사람 다 앉아."

할머니가 눈썹 하나 까딱하지 않고 입가에 미소만 띤 채 그렇게 말했다. 그러자 미나가 조용히 눈앞에 있는 의자에 앉았고 아버지도 마지못해 원래 자리로 돌아갔다.

할머니는 한번 천천히 테이블을 둘러보았다.

"준이라고 했죠. 우리 아이한테서 이름을 들었습니다. 입회인으로 초대받은 모양인데, 미안하지만 조금만 더 앉아주세요. 단, 여기서 들은 이야기는 다른 사람에게 절대 발설하지 말고."

눈이 마주친 순간, 생각도 하기 전에 고개를 끄덕여버렸다. 놀라운 박력이다.

"먼저 축하라도 건네는 편이 좋겠지. 과연 피는 못 속이는 구나. 네 딸은 거의 같은 나이에 너와 같은 생각에 도달한 모양이구나."

미나가 놀란 얼굴로 아버지를 바라보았다. 할머니가 쿡 하고 웃었다.

"영감이 같은 말을 한 적도 있었지. '부모의 일에 이러쿵저러쿵 참견하지 마'라고."

아버지가 창밖을 보며 입술을 일그러트리듯 웃었다.

"그렇지만 아범은 말주변이 없어 미나처럼 논리정연하지는 않았으니 그이가 화낸 것도 무리가 아니지. 골드맨 씨, 좋은 강의해주셔서 감사합니다."

선생님은 "아니, 학생이 우수해서요" 하고 양쪽에 앉은 우리를 보며 말했다. 우리는 선생님과 눈을 마주치지 않았다. 이 사람은 '저쪽' 편인지도 모른다.

"골드맨 씨에게 강의를 부탁한 게…… 자네로군."

어머니가 눈을 치뜨고 나와 미나를 번갈아가며 보더니 손을 모으고 고개 숙여 인사했다.

세상에. 흑막은 어머니였단 말인가?

"미나, 너는 네 아버지를 잘 모르는구나. 그렇게 빙빙 돌아가는 잔재주를 부릴 만큼 요령 있는 인간이 아니란다, 아범은."

선생님이 입가를 손으로 누르고 필사적으로 웃음을 참았다.

"딸에게 절교당한 남편이 딱하고 가엾어서, 보다 못한 어멈

이 아범 친구에게 가업의 실상과 부모의 마음을 일깨워달라고 부탁한 게지. 아이디어는 나쁘지 않았지만 너희 생각보다 딸내미가 똑똑한 게 오산이었어. 얘야, 순수하게 호기심으로 묻겠는데 어떻게 알아차렸니?"

"졸업앨범에서. 학교 도서관에서 아빠랑 선생님이 동급생이라는 걸 발견했거든요. 수업 내용이 자꾸 내 의문에 대답하는 모양새였던 것도 왠지 이상했고."

그런가. 도서관에서 나에게 입단속을 했을 때부터 미나는 의심하기 시작한 건가. 나는 솟구치는 의문을 참지 못하고 대화에 끼어들었다.

"저, 우리 아빠도 한패인가요?"

"아, 그건 우연입니다. 첫날은 웃음을 참느라 혼났어요. 그 녀석과 똑같은 얼굴이 떡하니 앉아 있어서."

미나의 아버지가 "응, 너는 정말로 아빠를 쏙 빼닮았어"라고 부드러운 눈으로 나를 보았다. 이 아저씨, 나쁜 사람은 아닌가.

"너, 어미의 계획을 알고 있었니?"

아버지의 눈에서 웃음이 사라지고 무뚝뚝한 얼굴로 돌아왔다.

"몰랐어요, 아무것도. 저 친구도 아무 말도 하지 않았고. 이 사람이 말하지 못하게 입단속을 했겠죠."

"형수님 부탁도 있었고 은밀하게 행동하는 게 그리 어려운 일은 아니니까."

"그야 당신이 반대할 게 뻔한 걸."

"무슨 말을 하는 거야. 이 녀석도 마냥 한가하지 않아. 그걸 아무 거리낌 없이……."

"내쪽에서 자원한 거야. 재미있어 보였으니까."

"그래서 자기 멋대로, 남의 애한테 이러니저러니 불순한 생각을 불어넣은 건가."

"그대로야. 내 멋대로 젊은 시절 우리가 수시로 토론했던 내용을 말이지."

"어머, 그랬어?"

"이 녀석은 중학교 때, 지금의 미나와 거의 똑같은 말을 했답니다. 우리 가업은 부동산 외에는 제대로 된 게 없다, 그러니 뒤를 잇지 않을 거라고."

탕! 탕!

손뼉을 치는 소리가 방 안에 찌렁찌렁 울렸다.

"거기까지. 세 사람 모두 애들 앞이라는 걸 잊었나요?"

어른 세 명이 주고받는 대화를 듣던 우리도 할머니를 주목했다.

"방금 전에 아이가 했던 말에 대해 나도 한마디 하고 싶습니다. 아빠는 대부업과 게임장을 그만뒀으면 좋겠다, 왜냐하면 그건 선생님이 말한 필요악이니 '훔친다'에 해당하는 일이니까, 이렇게 말했지?"

잠시 뜸을 들이다 미나가 다시 고개를 끄덕였다.

"자식이 부모가 하는 일에 이러쿵저러쿵 참견하는 게 아니야."

할머니는 단호히 말했다. 이 또한 거스를 수 없는 박력이다.

"게다가 아무래도 미나는 큰 오해를 하고 있는 모양이니까. 결론부터 말하면 너한테 이러쿵저러쿵 말을 들을 것도 없이 대부업과 도박업부터 손을 떼기로 이미 결정했어. 요 몇 년이나 네 아버지는 사업의 정리에 매진해왔단다. 옛날에는 꽤 돈이 됐지만 지금은 짐만 되고 있어. 두 사업을 그만둔 이유는 양쪽 다 돈벌이가 되지 않기 때문이다. 네가 말한 세상 물정 모르는 이유가 아니라."

'세상 물정 모른다'라. 역시 세상 물정 모르는 건가.

"불만인가 보구나. 들어보렴. 먼저 너는 네 아빠가 얼마나 이 두 가지 사업을 그만두고 싶어 했는지 몰라. 중학생 때부터 고등학교, 대학에 진학할 때까지 할아버지와 수도 없이 언쟁을 벌였지. 지금의 너처럼 말을 한마디도 안 하는 시기도 있었단다. 핏줄이란 재미있을 정도로 비슷한 데가 있더구나."

"그럴 거면" 하고 미나가 떨리는 목소리로 말했다.

"어째서 더 일찍 그만두지 않았어? 갓난아기가 죽기 전에."

"그건 정말로 예기치 못한 사고였어."

할머니의 목소리는 어디까지나 덤덤했다.

"하지만 그거랑 이건 이야기가 달라. 넌 아무것도 모르겠지만 이건 우리 집안만의 사업이 아니란다. 선대의 친척과 친구, 거래처, 금융기관 등 수많은 관계자가 얽혀 있어. 그리고 무엇보다 일하는 사람들이 있지. 사업을 크게 한다는 건 여러 사람들의 인생을 책임지고 있다는 뜻이야."

할머니가 여기서 잠시 말을 멈추고 찻잔을 입으로 가져갔다. '인생을 책임진다'라.

"사업을 위해 출자해준 사람들에게 이제 하고 싶은 의욕이 안 나니 회사를 접겠습니다. 일해서 월급을 받는 사람과 그 가족에게 이제 일은 없습니다, 나머지는 스스로 어떻게든 꾸려나가세요, 그렇게 말하고 도망치라는 게냐?"

미나는 보고 있는 것만으로 고통이 전해질 정도로 아랫입술을 꽉 깨물었다.

"영감이 갑자기 세상을 떠났을 때, 뒤를 이을 사람이 네 아빠밖에 없었다. 하지만 도망치지 않았지. 착실히 실적을 올리고 재산을 늘렸어. 그 덕에 우린 사업을 접으면서 직원과 주주에게 충분히 보상할 수 있었고, 대부회사 쪽도 소송을 이어나갈 여력이 생기게 됐어."

나는 선생님을 보았다. 사정을 알고 나서 동아리를 맡은 것일까?

"네 아빠가 전력을 기울이는 사이 내가 부동산을 전부 인수했지. 그것도 앞으로 1년쯤 후에 넘겨야 하는데, 어서 배턴터치하고 느긋하게 독서를 즐기는 날이 오기를 학수고대하고 있어."

여왕의 입가에 만족스러운 미소가 떠올랐다.


회의실에 우리 세 사람만 남았다. 할머니가 자리를 뜨고 아버지가 뒤를 따르자 뭔가 말하려는 어머니를 "여기는 맡겨주세요"라고 선생님이 손짓으로 막았다.

"먼저 실례하겠습니다. 정말로 죄송합니다."

선생님이 일어나더니 고개를 숙였다. 나는 그렇게 화가 나지 않았다. 미나네 집에서 작전회의를 할 때, 어머니의 연기를 떠올리며 여자란 무섭구나, 라고 잠깐 생각했을 뿐이다. 용서하느냐 마느냐는 전부 미나에게 달렸다.

미나는 아직 아랫입술을 깨물고 고개를 숙이고 있었다. 창문 밖에는 마당의 나무들이 가차 없이 내리쬐는 한여름에 지지 않을 정도로 물감을 칠한 듯 짙은 푸른 잎을 흔들고 있었다. 선생님은 변명도 하지 않고 오로지 미나의 대답을 기다리고 있었다.

미나가 입술 깨물기를 멈추고 눈을 내리깔며 조그맣게 몇 번이나 고개를 끄덕였다.

"선생님."

"네."

"이제 감추는 거 없나요?"

이 질문에는 절대로 거짓말은 할 수 없겠구나, 라고 나는 생각했다.

"뒤가 켕기는 비밀은 이제 없습니다. 아직 말하지 않은 것도 있지만 그건 조만간 다시 얘기합시다. 그래도 되겠습니까?"

미나가 잠시 생각하더니 살짝 고개를 끄덕였다.

"그러면 다음 주에 있을 마지막 동아리 수업에 꼭 참석하기 바랍니다. 준 혼자만으로는 그 수수께끼를 풀 수 없을 테니까."

아, 맞다. 까맣게 잊고 있었다.

"자, 당장이라도 작전회의를 열고 싶겠지만 오늘은 두 사람 다 피곤하겠죠. 다시 자리를 만드는 건 어떻습니까?"

우리는 눈을 마주치고 고개를 끄덕였다.

"준, 차로 바래다줄게요."

오, 돌아가는 길은 벤츠다. 재수가 좋다고 생각한 순간, 미나가 단호히 말했다.

"제가 바래다주겠습니다."

쿵쿵. 심장이 뛰었다. 그래, 벤츠처럼 졸부들이 즐겨 타는 외제차는 덩치 큰 아저씨 혼자서 타고 가면 된다.

"그러면 먼저 실례하겠습니다. 다음 주 월요일에 봅시다."

"준."

미나가 손을 내밀었다. 우리는 손을 꼭 잡고 악수했다.

"오늘 고마워. 준이 있어줘서 차분하게 잘 말할 수 있었어."

나는 쑥스러워서 콧잔등을 손으로 긁었다.

"수수께끼 풀이는 실패했네. 틀림없이 아빠가 뒤에서 손을 썼다고 생각했는데."

악수한 채 미나가 웃었다. 문득 풀리지 않은 의문이 되살아났다.

"넌, 왜 이 동아리를 선택했어?"

"특별활동 정하는 날 오후에 담임선생님이 불렀어. 외국인 강사가 하는 동아리가 갑자기 생겼는데 참가자가 없어서 곤란하니 동아리를 바꾸지 않겠느냐고. 원래는 영어반에 가려고 했지만 그것도 괜찮겠다 싶어서. 나중에 선생님도 한패라는 걸 알고 그래서 그렇게 노골적으로 유도했구나, 생각했지. 교장선생님과도 아는 사이라 그것도 아빠를 의심한 이유야."

그렇구나.

"준은?"

"나는 그냥 뽑기에 계속 져서. 남은 게 여기랑 몇 군데밖에 없었어."

"뽑기 운이 없구나!"

우리는 크게 웃었다. 그 순간 악수가 풀리자 그게 아쉬워서 나는 미련이 남은 손을 허공에 놀렸다.

"갈까? 공원을 지나 얘기하면서 너희 집까지."

문을 향해 가는 미나의 뒷모습을 보면서 나는 생각했다.

아니, 내 뽑기 운은 최고야.

방과 후

# 아이스크림
# 답례

우리는 약속한 대로 토요일 오후 공원에서 만났다. 만나자
마자 "수수께끼 풀었어?"라고 미나가 물었다. 나는 망설임 없
이 고개를 좌우로 흔들었다. 골똘히 생각해봤지만 전혀 감이
오지 않았다.

"나도 포기하기 직전. 문제가 너무 어려워."

미나는 한숨을 쉬고 나서 벤치에 기대듯이 쓰러졌다. 새하
얀 원피스가 백조처럼 사뿐히 벤치에 내려앉았다.

"그 직업 리스트가 힌트라니, 무슨 뜻일까?"

미나는 벌렁 드러누운 채 고개를 저었다. 고양이처럼 귀엽다고 생각한 찰나, 벌떡 일어나 앉더니 진지한 얼굴로 "하지만 관계가 있는 건 아마 은행가일 거야"라고 말했다.

"그렇지. 뭐랄까, 다른 일은 거리가 머니까."

"다섯 가지 방법은 어때?"

"그쪽은 전혀. 왠지 '번다'나 '불린다'와 관계가 있는 것 같지만."

"응. 나도 그런 것 같아. 하지만 거기에서 막혔어. 아무리 생각해도 모르겠어." 미나는 그렇게 말하더니 다시 벤치에 쓰러졌다.

뭐지. 오늘 다른 때와는 다르게 미나의 주변을 감싸는 공기가 부드럽게 느껴졌다.

나는 불현듯 마음에 짚이는 게 있어서 화제를 바꿔보았다.

"미나, 그 뒤에 아버지와 얘기 좀 나눴어?"

"음. 그게 미묘해. 아예 안 하는 건 아닌데, 주거니 받거니가 안 돼."

"…… 안녕히 주무셨어요."

"…… 잘 잤니."

"대화 끝! 같은?"

"응, 그런 느낌."

그런가. 하지만 말을 안 했던 1년을 생각하면 굉장한 발전이다. 그때 나를 바라보던 아버님의 자상한 눈빛을 떠올리며 안도했다.

"미나."

"응."

"요전에 아이스크림을 얻어먹은 답례로 빙수를 사고 싶은데 어때?"

미나가 벌떡 일어나더니 "좋은 생각이야!"라고 말했다.

우리는 가는 도중에 다시 한번 힌트를 떠올렸다.

"아, 5만 원짜리 지폐. 살펴봤어?"

선생님이 "탕진할 리스크가 없는 곳에 맡기겠습니다"라고 미나에게 줘서, 나는 이후 그 지폐를 한 번도 보지 못했다.

"응. 평범한 지폐였어. 볼래?"

미나는 조그만 배낭에서 지갑을 꺼내 5만 원짜리 지폐를 나에게 건넸다. 나는 숫자와 문자, 모양, 숨은 그림과 반짝반짝 빛나는 선 같은 부분까지 두루 조사했다. 자신은 없지만 확실히 보통의 5만 원짜리 지폐.

"평범하네."

"그렇지."

이럭저럭하는 사이에 문방구까지 왔다. 작은 가게라서 먼저 온 초등학생 몇 명의 손님이 있을 뿐인데도 비좁아서 답답했다. 나는 블루하와이, 미나는 스트로베리를 골랐다. 아빠한테 들었던 빙수 시럽은 색만 다르지 전부 같은 맛이라는, 사실인지 거짓인지 모를 이야기를 하자 미나는 "거짓말!" 하고 깜짝 놀라며 시험 삼아 절반을 바꿔 먹자고 제안했다.

아주머니가 낡은 기계로 보슬보슬 빙수를 가는 동안에, 나는 아무렇지도 않게 과자 코너를 둘러보았다. 중학생이 되고 나서는 여기서 과자와 장난감을 산 적이 거의 없었다. 오랜만에 뭐 좀 살까 하고 물건을 고르는데 물총과 장난감 고무공과 나란히 '그것'이 거기에 있었다.

빛이 머릿속을 질주하는 듯한 느낌이 드는 순간, '이거다!' 하고 강한 확신이 들었다.

미나의 팔을 당겨서 이쪽을 보게 했다. 그리고 '그것'을 가리키며 미나의 얼굴을 쳐다보았다. 미나는 잠시 미간에 주름을 지었다가 눈을 크게 뜨고 입을 벌리며 나를 보았다.

그리고 갑자기 나를 꽉 끌어안았다.

# 여섯 번째
# 방법

"마지막 수업은 2학년 6반 교실에서 합니다"

교무실 문에 붙은 종이를 보고 나는 '첫 수업을 받던 곳과 같은 교실이구나, 마무리에 어울리네' 하고 생각했다. 두 건물을 잇는 짧은 복도를 지나 교사로 들어갔다. 오늘도 날씨는 제법 무더웠으나 인적이 없는 건물 안은 외려 서늘한 느낌마저 들었다. 나는 계단을 뛰어올라 서둘러 교실 안으로 들어갔다.

"자, 드디어 마지막 수업입니다."

우리는 첫 수업 때와 마찬가지로 한 자리 건너뛰고 교단에 가까운 자리에 앉았다.

"나는 마지막으로 최고의 난제를 두 사람에게 숙제로 냈습니다."

우리는 눈을 마주치고 고개를 끄덕였다.

"오오, 기대해도 될 것 같군요. 그러면 답을 말해주세요."

눈으로 재촉하자 미나가 칠판으로 걸어갔다. 내가 자리에서 일어나서 "돈을 얻는 여섯 번째 방법은" 하고 말하자 미나가 칠판에 또박또박 큼직하게 글씨를 썼다.

만든다

미나가 자리로 돌아오고 나도 자리에 앉았다. 선생님이 만면에 웃음을 띠고 양손을 번쩍 들어올렸다. 천장에 닿을 것 같다. 나는 '항복'하는 포즈라고 생각했으나 미나가 일어나서 손을 높이 드는 모습을 보고 겨우 의도를 알아차렸다.

"짝!"

선생님과 손뼉을 마주친 후, 우리 두 사람도 가볍게 손을 마주쳤다.

"훌륭해! 수수께끼를 어떻게 풀었는지 그 과정을 듣고 싶군요. 힌트의 의미는 알았나요?"

"우리는 직업 리스트와 관계가 있다는 말을 듣고 그 직업이 은행가라는 걸 바로 알아차렸습니다."

"소거법을 썼군요. 그래서 그다음은?"

미나가 지갑에서 5만 원짜리 지폐를 꺼내서 선생님에게 돌려주었다.

"5만 원짜리에는 '한국은행'이라고 쓰여 있습니다."

이번에는 내가 지갑에서 어떤 걸 꺼내서 선생님에게 건네주었다.

"이 지폐에는 '어린이은행'이라고 쓰여 있습니다."

선생님이 놀란 표정을 지었다.

"장난감 지폐는 준이 발견했습니다. 하지만 우리는 그걸 본 순간 번쩍하고 생각해냈죠. 돈을 얻으려면 돈 자체를 만들면 되겠구나, 하고."

"장난감 지폐는 실제 매장에서는 쓸 수 없지만 친구들끼리 돈으로 쓰자고 정하면 친구들 사이에서는 통용됩니다. 내가 은행이 되어 직접 돈을 발행할 수도 있죠."

고개를 끄덕이던 선생님의 입가에 미소가 번졌다.

"엑설런트! 세 가지 힌트 중 두 가지를 활용해서 마지막 결정적 힌트를 스스로 발견했군요. 이건 문방구에서 파는 겁니까?"

"네. 미나와 빙수를 먹으러 갔다 우연히 발견했습니다."

"얼음을 먹고 수수께끼가 얼음 녹듯이 풀렸다? 아, 미안해요. 나도 모르게 아재 개그를."

얼음, 얼음 하니까 추워서 썰렁해졌잖아요, 라고 대꾸하려다가 참았다.

"수수께끼를 풀고 싶은 마음이 차올라서 이렇게 번쩍 생각이 난 거겠죠. 아주 훌륭해요."

미나에게 안겼던 순간에 느꼈던 놀라움과 기쁨이 되살아났다.

"두 사람이 심플하고 강력한 답을 말한 후라서 좀 그렇지만 이제부터 마지막 수단, '만든다'에 관해 좀 더 설명해보겠습니다. 열쇠를 쥔 것은 두 사람도 알다시피 은행가입니다. 그리고 쓰지 않은 두 번째 힌트는 다섯 가지 방법 중에서 '빌린다'예요."

네? 뜻밖이었다. 보나마나 '번다'나 '불린다' 중에 하나라고 생각했는데. 선생님이 가방에서 부스럭거리며 지폐뭉치를 꺼냈다.

"여기 100만 원이 있습니다. 내가 이걸 미나은행에 예금하겠습니다."

얼떨결에 지폐뭉치를 건네받은 미나는 얼떨떨한 표정으로 선생님을 바라보았다.

"이걸로 미나은행의 예금 잔고는 100만 원이 됐어요. 이어서 미나은행은 예금의 10%만 남기고 90만 원을 준에게 빌려줍니다."

미나는 시키는 대로 100만 원에서 10만 원을 빼고 나머지를 나에게 주었다.

"여기서부터는 협력자가 몇 명 등장합니다."

이번에는 가방에서 레고 인형이 나왔다. 내 뒷줄에 한 자리당 하나씩 인형을 놓았다. 미나 뒤에도 같은 인형을 놔서 우리를 선두로 두 줄이 생겼다.

"준비는 다 되었습니다. 준, 그 돈을 미나 뒷줄에 있는 인형에게 주세요."

순간 포니테일을 한 귀여운 인형이 얄밉게 보였다.

"어머니은행이라고 해도 될까요?"

골드맨 100만 원

예금 ↓

| 미나은행 | 예금 잔고 | 대출 잔고 | 준비금 |
|---|---|---|---|
| | 100만 원 | 90만 원 | 10만 원 |

출자 ↓

 준 90 만 원

예금 ↓

| 어머니은행 | 예금 잔고 | 대출 잔고 | 준비금 |
|---|---|---|---|
| | 90만 원 | 81만 원 | 9만 원 |

▼

 아빠 81만 원

▼

| 누나은행 | 81만 원 | 72.9만 원 | 8.1만 원 |

▼

할머니 72.9만 원

▼

| A 은행 | 72.9만 원 | 65.6만 원 | 7.3만 원 |

모모 씨 ▼

| B 은행 | 65.6만 원 | 59만 원 | 6.6만 원 |

모모 씨 ▼

| C 은행 | 59만 원 | 53.1만 원 | 5.9만 원 |

모모 씨 ▼

| D 은행 | 53.1만 원 | 47.8만 원 | 5.3만 원 |

모모 씨 ▼

| E 은행 | 47.8만 원 | 43만 원 | 4.8만 원 |

⋮

"그렇게 하세요."

나는 인형 앞에 90만 원을 놓았다.

"미나은행에 남은 10만 원은 준비금으로, 예금이 인출되었을 때를 대비해서 빼둔 돈입니다. 그럼 준비율은 10%가 되겠죠. 그런데 이 어머니은행도 누군가에게 돈을 빌려줍니다. 다음에 빌리는 사람은 아빠로 할까요?"

선생님은 9만 원을 어머니 인형 앞에 두고, 81만 원은 그 옆 책상에 앉은 수염을 기른 해적 인형 앞에 놓았다.

"준비율이 10%니까 어머니은행은 9만 원을 남기고 빌려줍니다. 이어서 아빠가 누나은행에 예금할 거예요. 그다음에는 같은 패턴이 반복됩니다. 누나은행이 할머니에게 한도액까지 돈을 대출해주면 그 돈은 다시 예금됩니다. 이걸 쭉 반복하는 거예요."

뭐야, 이게.

"움직이는 돈은 점점 줄어서 0에 수렴합니다. 한편 은행 전체에 예금된 총액은 점점 늘어나죠. 은행에서 '빌리고', 그것을 맡겨서 거래를 여덟 번 거듭하면 100만 원의 현금은 570만 원의 예금이 됩니다. 이후 알파벳순서로 연장해서 S은행 언저리까지 가면 예금 잔고는 900만 원이 되죠. 단, 무한히 계속해도

1000만 원을 넘지는 않습니다."

선생님이 여기에서 잠시 숨을 돌렸다.

이게 대체 무슨 말일까? 어쩐지 여우에 홀린 기분인 걸.

"선생님, 이거 실제 돈이 늘어나는 건 아니죠?"

"실물 돈은 세상에 도는 돈의 일부에 불과합니다. 우리나라의 은행예금 잔고는 수백조 규모지만, 화폐의 유통량은 그에 훨씬 못 미치지요. 예금의 증가는 곧 돈의 증가라고 생각해도 됩니다."

나는 다시 신중히 그림을 보았다. 음, 확실히 두 번째 힌트의 정답은 '빌린다'였구나.

"이렇게 은행의 네트워크로 인해 돈을 낳는 시스템을 전문용어로 신용창조라고 합니다."

### 신용창조

'상상'이 아니라 '창조'인가? 왠지 멋지다.

"금융 분야에서 신용이라는 말에는 '빌린 돈을 갚는 힘'이라는 의미가 있습니다. 거기서 더 나아가 기업이 융자를 받거나, 회사원이 주택대출을 받는 것, 즉 '빌린다'는 행위도 넓게 봐서 신용이라고 하죠. 그래서 신용을 준다고 하면 누군가에게 돈을 빌려준다는 의미가 됩니다. 돈을 빌리고 빌려주는 관계가 신용을 바탕으로 맺어지는 겁니다."

돈을 빌리려면 신용이 중요하죠. 그건 사무치게 잘 알고 있습니다.

"핵심은 창조, 즉 '만든다'에 있습니다. 미나가 준에게 돈을 빌려주기만 하면 미나의 수중에는 돈이 점점 줄어들고 준의 주머니에는 점점 늘어나겠죠. 그런데 이렇게 은행 네트워크 안에서 돈이 돌면 예금이 늘어납니다. 각각의 은행이나 사람들의 행위는 '빌린다'와 '불린다', 즉 융자와 예금밖에 없는데도 전체적으로는 돈이 느는 거죠. 창조되는 겁니다."

우리가 생각해낸 '만든다'와 이렇게 차이가 나다니, 나는 깜짝 놀랐다.

"우리가 생각했던 '만든다'와는 거리가 먼 느낌이에요."

"아니, 두 사람의 대답은 본질을 꿰뚫었습니다. 이 그림은 일직선으로만 흐르지만 실제 경제에서 일어나는 건 몇 백만, 몇 천만의 참가자가 참가하는 그물망과 같은 신용창조예요. 다만 그게 아무리 거대하고 복잡해도 전체를 떠받치는 핵심은 하나밖에 없습니다. 그리고 그것은 두 사람이 도달한 답과

뿌리가 같죠."

전체를 떠받치는 것이 뭐지? 다시 그림을 보았다.

연결되어 있는 것은 사람과 은행이고 그것이 모여 만들어진 것이 돈의 흐름이다.

"약속인가."

미나가 나지막이 말했다.

"오호. 좀 더 구체적으로 설명해주겠습니까?"

"예금하는 사람은 은행이 약속한 대로 안전하게 돈을 맡아줄 거라 믿고 예금합니다. 은행은 돈을 빌려준 상대가 약속한 대로 돈을 갚을 거라 믿고 돈을 빌려주고요. 만약에 약속을 지키지 않는 사람이 많다고 모두가 느끼면 누구도 예금하지 않을 거예요. 돈을 빌려주는 은행도 사라지겠죠. 그러면 이런 시스템은 성립되지 않을 거예요."

"약속이라. 좋은 말이군요. 맞아요, 돈이 늘면 신용창조라는 네트워크, 혹은 두 사람이 제시한 돈을 '만든다'는 행위에 없어서는 안 되는 것, 그건 미나가 말한 무수한 약속의 집합, 좀 더 그럴싸하게 말하면 인간사회 전체에 대한 신뢰감입니다."

사회 전체의 신뢰감이라. 이야기가 커졌다.

"이 시스템에는 몇 가지 전제가 숨어 있어요. 예를 들어 예금자가 일제히 돈을 인출하려고 하면 은행은 대응하지 못합니다. 준비금을 제외하고는 전부 대출해줬으니까. 하지만 현실에서는 그런 일이 일어나지 않습니다. 예금자는 은행이 망할 리 없다고 믿고 돈을 맡기니까요. 은행은 그런 예금자의 행동 패턴을 믿기 때문에, 금고에 돈을 넣어두는 게 아니라 기업과 개인에게 돈을 빌려줍니다. 그리고 상대만 잘 선별하면 빌려준 돈을 돌려받을 수 있을 거라고 믿어요. 네트워크의 어딘가에서 이런 신뢰감을 잃으면 신용창조는 바로 멈추게 됩니다."

그렇구나. 정말로 어딘가가 막히면 흐름이 완전히 정지될 것 같다.

"그게 바로 리먼 사태에서 일어난 일입니다. 모두가 의심암귀가 되어 돈의 흐름이 완전히 멈췄으니까요. 그 너머에 기다리고 있는 것은 경제활동 전체가 파멸적으로 멈추는 아비규환의 상태, 바로 공황이었습니다. 이렇게 신뢰가 사라지면 경제는 질식하게 되죠."

선생님이 잠시 침묵했다. 그렇구나. 돈이 멈추면 세상도 멈출까?

"여기서는 생략했지만 돈을 빌린 사람은 얼마간 경제활동에 돈을 쓰고 남은 돈을 예금할 겁니다. 그 사람에게 대금을 받은 상대방도 쓰고 남은 돈을 은행에 저금합니다. 그것이 실제 경제에서 일어나는 일들입니다. 남은 돈이 돌고 돌아서 예금으로 은행을 통과하고 그 일부가 빚으로 변하죠. 그렇게 해서 돈이 세계를 도는 동안에 신용창조, 즉 '만든다'가 일어납니다."

엄청나게 복잡하지만 엄청나게 재미있구나, 이거.

머릿속에서 조금씩, 돈이 세계를 도는 이미지가 굳어졌다.

"이 신용창조라는 구조가 새로운 돈을 만들지 못하면 돈의 양이 부족해져서 경제성장에 브레이크가 걸립니다. 사람들을 풍요롭게 하는 '번다', '받는다', '불린다'도, 남의 이득을 빼앗는 '훔친다'도 이 '빌린다'를 기점으로 한 신용창조, '만든다'의 혜택을 받습니다. 은행가와 은행이 본래 얼마나 중요한 역할을 담당하는지 이걸로 이해했으리라 믿습니다. 그렇기 때문에 더욱 본분을 잊은 죄는 엄중합니다."

다시 긴 침묵이 이어졌다. 선생님은 우리가 설명을 따라오기를 기다렸다가 이어서 말했다.

"여기에서 두 사람의 어린 시절로 잠시 돌아가볼까요? 두 사람, 어릴 때 가게놀이를 해본 적이 있죠? 잡동사니를 늘어놓고 장난감 돈으로 쇼핑을 하는 놀이."

아아, 있었지. 흙으로 만든 빵가게놀이. 그러고 보니 페트병 뚜껑을 펜으로 색칠한 것이 돈이었어. 오랜만에 유치원 시절이 떠올랐다.

"그런 작은 경제권에서도 그 경제권을 뒷받침하는 것은 약속이며 신뢰입니다. 친구와 가족 사이에 이것이 돈이다, 상품과 서비스와 교환할 수 있다는 약속이 성립된다면 장난감 돈도 소우주 안에서는 돈이 될 수 있죠."

가게놀이가 실제처럼 즐거우려면 모두가 합의된 상태여야 한다.

"즉 궁극적으로는 이런 관계가 성립되는 것입니다."

돈 = 약속, 신뢰!

"돈에 왜 가치가 있을까? 그건 모두가 그걸 돈으로 취급하기 때문입니다. 그냥 똑같은 말을 반복한다고 생각하겠죠? 하지만 본질은 그렇게밖에 말할 수 없습니다. 좀 어려운 말을 쓰자면 돈이란 '공동환상(사적 환상을 공동화한 환상 - 옮긴이)'이라고 할 수 있어요. 모두가 돈에 가치가 있다고 환상을 갖고 있죠. 그래서 돈이 돈일 수 있는 겁니다. 환상이지만 그것이 바로 현실입니다."

생각해보면 지폐도 아름답게 인쇄된 종이 쪼가리에 불과하다.

선생님이 별안간 "준, 5만 원짜리를 한 장 인쇄하는 데 얼마가 드는지 아나요?"라고 질문했다. 허를 찔려서 "엉?" 하는 이상한 소리를 냈다.

"5만 원짜리 한 장에 거의 200원이 듭니다. 200원을 밑천으로 5만 원을 만드니까 크게 이득이죠. 거꾸로 10원짜리를 만드는 데는 40원이 넘게 들어요. 배보다 배꼽이 더 큰 셈이죠. 이쪽은 큰 손해입니다."

가격을 듣자 돈이란 '만드는' 것임이 생생하게 느껴졌다.

"정리해봅시다. 내가 설명한 신용창조는 돈이 경제활동에 쓰이는 동안에 새로운 돈이 생기는 메커니즘이었습니다. 그리고 두 사람의 대답은 물리적으로 돈을 찍어낸다는 대담한 발상이었어요. 깊은 곳에서 양쪽이 서로 연결되어 있다, 본질은 같다고 나는 생각합니다. 양쪽 모두 돈이 돈이 되는 데 꼭 필요한 신용이라는 마법을 써서 새로운 돈을 만들어내죠."

솔직히 나는 아직 수업 내용을 따라잡지 못하고 있었다. 미나는 어떨까?

"아직 납득이 되지 않는 모습이군요. 그러면 돈을 '만드는' 행위의 본질을 꿰뚫는 예를 하나 소개하겠습니다. 미나, 비트코인(Bitcoin)이라고 들어본 적이 있나요?"

"이름만 들어봤습니다."

뉴스에서 그 단어를 들은 것도 같지만 비트코인에 대해 자세히는 알지 못한다.

"비트코인은 암호화폐(가상화폐)의 대표선수입니다. 세부적인 내용은 생략하겠지만 온라인상에서 주고받는 데이터 자체를 돈으로 간주하는, 획기적인 아이디어에서 출발했죠. 블록체인(Block chain)이라는 정밀한 시스템을 이용해서 비교적 안전하게 거래할 수 있고 위조의 위험도 낮출 수 있어요. 물론 이를 둘러싼 우려와 의문, 문제점들이 지적되고 있어, 앞으로 여러 면에서 개선이 필요하지만요."

"데이터 자체가 돈이라고요?"

"네. 이름은 코인이지만 실제 주화는 존재하지 않습니다. 데이터가 있어서 이쪽으로 갔다가 저쪽으로 갔다가 할 뿐이죠."

"정말로 그런 걸 쓸 수 있을까요?"

"이미 몇몇 나라에서는 식당과 카페 같은 곳에서 지불수단으로 쓸 수 있습니다."

우와. 놀랍다.

"비트코인은 어떤 규칙성을 가진 데이터의 집합입니다. 새로운 비트코인은 이 규칙에 따르는 수학 문제를 풀어서 생성되고 설계되죠. 그래서 퍼즐을 풀면 그 보상으로 새로운 코인을 받습니다. 이것을 마이닝(mining), 즉 채굴이라고 불러요. 금광을 파는 느낌이랄까요?"

도통 뭐가 뭔지 모르겠군.

"세세한 구조는 중요하지 않습니다. 핵심은 가상화폐는 바로 돈을 '만드는' 수단을 체현했다는 겁니다. 이걸 돈으로 쓰자, 그렇게 결정한 사람들의 공동환상이 새로운 돈을 만들어내는 거예요."

잘 이해가 가지 않지만 확실히 돈은 '만든다'는 것이 가능하구나. 우리의 답이 전혀 쓸모없는 것은 아닌 모양이다.

"자, 드디어 우리 동아리가 대단원의 마지막을 맞이합니다."

선생님은 칠판에 쓴 글씨를 전부 지우더니 양손을 펼치고 가슴을 펴는 포즈를 취했다. 그리고 여섯 가지 단어를 적었다.

번다
받는다

훔친다

빌린다

불린다

만든다


　"돈을 얻으려면 여기에 적힌 여섯 가지 방법이 있다는 것을 이제 알았습니다. 그리고 돈의 본질은 마지막 방법, '만든다'에 있고요."

　선생님이 환한 미소로 우리를 돌아보았다.

　"나는 몇 번인가 이 수업에서 '우리의 기준은 어차피 돈일 수밖에 없다'고 말했습니다. 고작 돈, 그래도 돈입니다. 돈은 돌고 도는 것이라는 명문이 있습니다. 그 반대도 진실이죠. 돈이 없으면 세상은 돌아가지 않습니다. 그리고 그 돈을 근저에서 뒷받침하는 것은 '누구나 이것을 돈이라고 인정할 것이다'라는 환상입니다. 이 환상은 인류가 내일도 모레도 내년에도 10년 후에도 평화롭게 살 수 있다는 희망을 전제로 합니다. 내일, 지구에 거대 운석이 충돌한다면 누가 돈의 가치를 인정할까요? 미지의 역병으로 인류가 멸망하게 된다면 누가 돈의 가치를 인정한단 말입니까?"

듣고 보니 그렇다.

"돈이란 이 세상에 태어난 사람들이 만들어낸 지혜입니다. 그것은 우리 인간이 비슷한 부류끼리 같은 상품에 가치를 인정한다는 환상의 지지를 받고 있어요. 그리고 '만든다'는 마법으로 돈이 원활하게 돌아가려면 사람과 사람이 서로 믿는, 신용과 신뢰가 반드시 필요합니다. 돈이란 인간이 서로 협력하지 않으면 살아갈 수 없는 존재이기에 탄생한, 지혜의 결정이라고 생각합니다."

선생님의 눈빛은 진지함 그 자체였다.

"하지만, 아니 그래서 돈에는 마력이 있습니다. 사람들을 미치게 하고 잘못된 길로 유혹하는 마력이. 사람들을 '훔친다'는 수치스러운 행위를 하게 하는 마력이. 사람들에게 돈이 인생의 목적이라고 착각하게 만드는, 금전 숭배에 빠지게 하는 마력이."

선생님은 한참을 침묵하다가 처음에는 나, 이어서 미나의 눈을 가만히 쳐다보았다.

"하지만 두 사람은 이제 괜찮습니다. 미나, 준. 앞으로 인생을 살아가며 돈에 현혹되지 말고 돈을 소중히 여기며 앞으로 뚜벅뚜벅 걸어나가기를 바랍니다."

선생님이 특유의 웃음을 지어 보였다.

"이걸로 동아리 수업을 마치겠습니다."

우리는 손이 아플 때까지 박수를 쳤다. 깊이 고개 숙여 인사한 선생님이 고개를 들자 이를 신호로 우리는 자리에서 일어나 결연한 표정으로 악수를 나눴다.

제5장 밝혀진 비밀

# 제 6 장

## 새로운 꿈

# 과외수업

수면에 부는 바람이 뺨을 어루만졌다. 여름의 자취를 잔뜩 품은 햇살이, 들판에 서 있는 아름드리나무 그림자로 떨어졌다. 나는 바구니에서 두 번째 샌드위치를 집어 들었다.

주말에 소풍을 가자고 제안한 것은 미나였다. 점심을 먹으면서 선생님의 약속대로 과외수업을 부탁드리자고. 그 말을 듣고도 나는 그게 무엇이었는지 곧장 생각나지 않았지만 고민 없이 "응" 하고 대답했다.

2학기가 되자 주산반은 아무 일도 없었다는 듯이 해산했다. 담임선생님이 희망하는 부서 활동을 묻기에 나는 축구반, 미나는 영어반으로 순조롭게 이동했다. 여름방학이 끝나고 나서는 미나와 차분히 대화를 나눌 기회가 없었다.

"아보카도와 햄 샌드위치 맛있는데요. 어머님이 만든 건가요? 아니면 미나가?"

"같이 만들었습니다. 이 로스트비프샌드위치도 맛있어요."

몸집이 큰 아저씨는 엉덩이도 커서, 돗자리가 비좁았다.

"슬슬 배도 부르니 추가 강의를 시작할까요? 이런 기분 좋은 날에 어울리지 않는, 조금은 무거운 주제지만 피케티의 부등식부터 복습해봅시다. 피케티가 제시한 것은 경제성장보다 돈이 돈을 버는 속도가 더 빠르기 때문에, 투자할 여유가 있는 부자와 여유가 없는 서민과의 차이가 점점 벌어진다는 가설이었습니다. 자본수익률 r이 경제성장율 g보다 크다는 부등식을 떠올려보세요. 나는 현대의 최대 사회문제 중 하나인 부의 불평등에는 이 피케티의 부등식 이외에 두 가지 요인이 더 얽혀 있다고 설명했습니다."

미나가 고개를 끄덕였다. 나도 예전의 수업 내용을 떠올렸다.

"단도직입적으로 말해, 그 두 가지 요인이란 상속세와 오프쇼어(off-shore)입니다."

상속세는 안다. 유산을 받을 때 내는 세금이다. 또 하나는…… 뭐지?

"순서대로 설명하죠. 우리나라 상속세의 최고 세율은 50%입니다. 부자가 정직하게 신고하면 유산을 절반만 보유할 수 있다는 계산이 나옵니다. 과거에는 최고세율이 75%라서 3대째가 되면 재산이 없어진다는 말이 있었습니다. 하지만 실제로는 다양한 절세 테크닉이 있어서, 선조 대대로 자산을 물려받는 부자가 적지 않죠."

미나네도 그런 집이겠지.

"선진국일수록 상속세가 높고 직업이나 직급에 따른 연봉의 격차가 비교적 낮습니다. 빈부의 차이로 보자면 세계 전체로 볼 때, 최근 돌아가는 상황은 그리 좋지 않지만요."

그런가. 미나와의 격차를 여실히 느끼고 있는걸요.

"그런데 세상에는 상속세가 없는 나라도 있습니다."

"없다고요?"라고 내가 묻자 "전혀?"라고 미나가 뒤이어 말했다.

"유명한 곳으로는 싱가포르, 홍콩, 스위스 등이 그래요.

덜 알려진 곳으로는 모나코, 호주, 말레이시아도 상속세가 없죠. 상속세는 당연히 부자에게 인기가 없습니다. 부자는 정치를 쥐락펴락하는 엘리트층과 연결되어 있어요. 어느 나라에서나 어지간한 일이 아니면 높은 상속세가 도입되는 일은 없겠죠. 그 결과 격차는 세대를 뛰어넘어 유지됩니다. 부자는 생활, 교육, 인맥, 자본 등 모든 면에서 혜택을 받습니다. 상당한 충격파를 가하지 않는 한, 다음 세대도 그다음 세대도 낙오자가 되지 않죠. 반대로 서민은 어딘가에서 한 방 크게 터트리지 않으면 부유층에는 들어갈 수 없습니다."

인생의 출발점부터 차이가 나는구나.

"또 하나의 요인인 오프쇼어는 두 사람에게는 아직 조금 어려운 주제일 겁니다. 어른 중에도 이해하는 사람이 소수에 불과하니까요. 쇼어(shore)는 영어로 해안이나 해변, 오프(off)는 이 경우, 거기에서 떨어졌다는 의미입니다."

"어느 해안에서 떨어졌다는 말인가요?"

"모든 나라의 해안에서."

내가 "네?"라고 하자 미나가 "모든 나라?"라고 내 말을 뒤덮었다.

"오프쇼어는 세금과 법률에서 도피할 수 있는 동화의 나라 같은 곳입니다. 조세회피처(tax heaven)라고도 하죠. 조세회피처는 세금으로부터 도망칠 수 있는 장소를 뜻합니다."

선생님이 여기서 잠시 쉬었다. 이거, 다 처음 듣는 이야기다.

"오프쇼어에 자산을 숨기면 아무도 추적할 수 없습니다. 거기에는 세금을 내고 싶어 하지 않는 큰 부자와 마약과 무기 밀매로 떳떳하지 못하게 돈을 번 범죄자, 나라의 부를 사유화한 전 세계 독재자와 악당까지 각종 '더러운 돈(dirty-money)'이 흘러 들어오죠. 행방불명된 이런 돈은 몇천 조 원이나 된다고 합니다."

금액이 너무 커서 농담처럼 들린다.

"우리나라 GDP가 약 1조 5000억 달러가량 됩니다. 그보다 웃도는 돈이 징세와 조사당국의 눈을 피해 조세회피처로 새어나가고 있지요."

"믿을 수 없어. 왜 그런 부정한 술수를 방치하는 건가요?"

미나가 진심으로 이해가 안 간다는 듯이 물었다.

"오프쇼어라는 제도는 유럽에서 태어났습니다. 아마 현재 세계 최대의 조세회피처는 영국일 겁니다."

"어, 하지만 그건 좀 이상한데요?"

"왜 그렇게 생각하죠, 준?"

"그야 모든 나라의 해안에서 떨어져 있다면서 영국에 있다니, 이상하잖아요."

"정확히 말하면 영국에는 수도 런던을 중심으로 구 식민지와 왕실이 직접 관할하는 영지가 네트워크로 만들어져 있습니다. 그래서 돈은 실질적으로 영국의 지배에 있지만 명목상으로는 영국이 아닌 여러 섬들에 흩어져 있죠. 서류상으로만 존재하는 회사를 세우고 거기에 돈을 흘려보내는 겁니다. 명목상 그곳은 영국이 아니라서, 영국의 법률이 미치지 않습니다. 영국 정부도 함부로 나서서 조사할 수 없죠."

"왜 그런 이상한 일이 벌어지는 건가요?"

"전 세계에서 돈이 모이기 때문입니다. 런던은 뉴욕과 나란히 세계 최대의 금융센터입니다. 전 세계 투자가와 은행, 기업이 그곳에서 돈을 거래하죠. 그것을 음지에서 떠받치고 있는 것이 오프쇼어라는 수상한 냄새가 풀풀 나는 제도인 셈이죠."

영화에 나오는 악의 조직처럼 약간 멋져 보이기도 한다.

"오프쇼어라는 괴물은 반세기쯤 전부터 급성장했습니다. 옛날부터 부자와 독재자가 자산을 숨기는 장소는 있었어요. 스위스 은행이 유명하죠. 하지만 언제부터인가 제대로 된 기업과 보통 금융의 세계에도 오프쇼어가 떡 하니 자리 잡게 된 겁니다.”

선생님이 병에서 커피를 따라 한 모금 마셨다. 나도 보리차를 병째로 마셨다. “처음에는 작은 부정의 온상지였던 오프쇼어는 이제 세계 각국의 정부가 손을 잡아도 퇴치하지 못하는 괴물로 자랐습니다. 전 세계에 여러 오프쇼어가 있어서 개별적으로 격파해도 다람쥐 쳇바퀴 돌듯이 별다른 진전이 없습니다. 그들을 쫓는 정치가들이 진심으로 추적하지 않는 측면도 있습니다. 자신과 친구의 목을 조일 수밖에 없으니까요. 런던의 금융가에서 돈이 빠져나가면 영국이라는 나라가 기울어질 정도로 타격이 크고. 그래서 황금 알을 낳는 거위를 목 졸라 죽일 엄두를 내지 못하는 겁니다.”

아직 늦더위가 심해서인지 그늘에 앉아 있어도 이마에서 땀이 흘러내렸다. 이런 무더위 속에서도 나는 등에서 왠지 모를 서늘함을 느꼈다. 더러운 짐짝을 별안간 지게 된 것 같은 기분 나쁜 압박감.

“조세회피처를 이용한 절세는 세계적인 대기업에서도 하고 있습니다. 그러한 기업이 세금을 똑바로 내지 않으면 도로와 다리, 수도와 철도 같은 사회 인프라만이 아니라 교육과 의료의 질까지 떨어지죠. 세수 부족의 피해는 오프쇼어와 무관한

서민에게 고스란히 돌아가서 '갖지 못한 자'의 부담만 이중삼
중으로 늘게 됩니다."

정말로 이렇게 기분이 좋은 날, 강가에서 논의할 만한 주제
는 아닌 것 같다.

"좀 걸을까요?"

나는 바구니에 냅킨과 포장지를 다시 넣으려다, 문득 생각
이 나서 음료수를 넣어 온 비닐봉지에 주변 쓰레기를 던져 넣
었다. 선생님과 미나까지 나서주어, 주변은 우리가 왔을 때보
다 좀 더 깨끗해졌다.

강가를 거닐자 미나의 질문이 시작됐다. "방금 그 문제는 해
결책이 없나요?"

"해야 할 일은 아주 분명하고 간단합니다. 조세회피처를 모
조리 색출한 다음, 부자와 기업으로부터 적절한 세금을 받아
서 부의 배분을 균형있게 하는 거죠. 다만 그걸 실행하기란 쉽
지 않습니다. 문제의 크기와 거기에 맞서는 주체의 스케일이
일치하지 않으니까요. 오프쇼어 퇴치에는 전 세계의 협조를
빼놓을 수 없음에도, 남보다 앞질러 돈을 독점하려는 유혹이
너무 강해서 공조가 어렵습니다. 상속세를 포함한 세금제도

의 개정도 마찬가지고. 낮은 세율을 미끼로 돈을 불러들이려는 나라가 적지 않거든요. 한 국가가 단독으로 시행해봤자 대책에 한계가 있습니다."

"그러면 이대로 방치해야 하나요?"

"조금씩 바꿔나가려는 움직임이 있습니다. 기업의 극단적인 조세회피 적발과 오프쇼어 이용을 제한하는 대중요법을 실시하지만 본질적인 해결과는 거리가 멉니다."

제방을 따라 난 산책길을 오가는 사람들이 스쳐 지나가며 덩치 큰 아저씨를 흘깃 쳐다보았다. 우리는 철교가 보이는 나무 그늘에 앉았다. 전에 미나가 혼자 남았을 때와 같은 장소였다.

"여기서부터는 혼잣말입니다. 두 사람의 머리 한구석에 남아서 언젠가 선생님이 그런 뜻으로 한 말이었구나, 하고 짐작이 가는 날이 오기를 기대하며 말하겠습니다. 우리와 우리 아버지 세대는 냉전 종식 후에 평화롭고 풍요로운 세계를 만들 기회를 얻었습니다. 하지만 그 기회를 헛되이 날려버렸죠. '평화의 배당'이라는 말이 있습니다. 그 평화의 배당을 잘 활용해서 더 좋은 세상을 만들 기회가 있었어요. 하지만 우리는 그런 길을 선택하지 않았습니다. 군비로 낭비해버렸죠. 이제 중국과 러시아 같은 나라들은 군비를 증강해서 자신들의 정치체제를 강화하고 있습니다. 냉전 후에 이런 나라들을 세계 경제에 편입시키면서 전제정치가 유지되는 걸 간과하고 이익을 우선한 결과입니다. 독재적인 엘리트들이 부와 권력을 쥐는 길을 허용해버린 거죠."

선생님은 안경을 벗고 맞은편 강가를 물끄러미 바라보았다.

"냉전 후의 평화는 세계적인 무역의 확대를 재촉했습니다. 무역은 잘사는 나라에도 가난한 나라에도 혜택을 줍니다. 실제로 세계는 풍요로워졌죠. 이건 좋은 현상입니다. 하지만 우리는 그 과실을 공평하게 나누는 체제를 만들지 못하고 부가 일부 사람들에게 집중되는 문제를 방치했습니다. 빈부 격차의 확대라는 어려운 문제를 부풀릴 대로 부풀려버린 겁니다. 지금, 전 세계에서 일어나는 정치적 혼란의 뿌리는 거슬러 올라가면 거의가 이 격차 문제입니다. 상위 1%의 엘리트가 부를 독점하고 나머지 99%의 사람들이 희생한다는 슬로건이 잘사는 나라에서도 울려 퍼지는, 일그러진 사회를 만들어버린 겁니다."

선생님이 안경을 고쳐 썼다.

"두 사람, 노블레스 오블리주(Noblesse Oblige)라는 말 들어본 적 있나요?"

나는 고개를 가로저었다. 미나도 고개를 갸웃했다.

"고귀한 의무라고 번역하면 좋을까요? 혜택을 받은 상류계급에는 사회에 봉사할 의무가 있다는 정신을 말합니다. 엘리트 의식과 종이 한 장 차이지만, 과거에는 그러한 미학이 아주 강하게 남아 있었어요. 제1차 세계대전 때는 유럽의 수많은 귀족 자제들이 전선에 지원해서 목숨을 잃기도 했죠. 돈에 집착하지 않고 명예를 중시하라, 라는 가치관이 근저에 깔려 있었습니다."

선생님이 우리를 똑바로 쳐다보았다.

"나는 미래의 세대에게 사과하고 싶습니다. 노블레스 오블리주 정신을 잃고 돈에 눈이 어두워져 평화의 배당을 헛되이 날려버린 세대의 일원으로서."

갑작스러운 사과에 나는 당황했다. 미나도 어쩔 줄 몰라 했다.

선생님은 그대로 입을 다물어버렸다. 아무래도 난해한 과외수업과 혼잣말은 이렇게 끝이 날 모양이다. 절반도 이해하지 못한 기분이었지만, 동시에 뭔가 묵직한 배턴을 건네받은 느낌도 들었다.

우리는 한동안 철컹철컹 소리를 내며 철교를 건너는 은색의 차체에 반사되는 햇살을 보았다. 나는 차분한 미나의 옆얼굴을 곁눈질로 보며 평소보다 더 예쁘다고 생각했다.

해가 질 무렵, 누구랄 것도 없이 다 함께 자리에서 일어나 주차장을 향해 걷기 시작했다.

"아직 듣지 못한 말이 있습니다."

나란히 걸으면서 미나가 웃으며 말을 꺼내자, 선생님도 "기억하고 있었어요?" 하고 웃었다.

"'뒤가 켕기지 않는 비밀'이란 뭔가요?"

"내가 계획 중인 새로운 비즈니스에 관해서입니다. 마이크로파이낸스와 가상화폐 개념을 결합해서 영세기업가에 소액으로 투자와 융자를 할 수 있는 시스템을 만들고 싶어요. 스마트폰으로 결제와 저축, 투자를 한꺼번에 할 수 있는 세계를요."

복잡하지만 대단해 보인다.

"전 세계의 보통 사람이 지구 반대편 어딘가의 보통 사람을 응원할 수 있는 체제를 꿈꿔보려고요. 아주 소액부터 투자와 융자가 가능한, 국경을 넘어서는 새로운 돈의 흐름을 만드는 것이 목표입니다. 그리고 실제로 이 비즈니스 계획을 바탕으로 시스템과 법률을 잘 아는 지인 몇 명과 회사를 설립해서 출자자를 모으는 데까지 왔어요. 여기에 미나의 아버지가 흥미를 느끼고 경영에도 참여하고 싶다는 뜻을 전해 왔습니다."

"아빠가요?"

"어느 나라에서든 소액 금융에 정통한 사람은 소중한 인재입니다. 그래서 아시아 최고경영자 자리는 그 녀석에게 부탁하려고 합니다."

선생님은 웃으며 덧붙였다. "이 비즈니스가 궤도에 오르면 오랜만에 큰아버지를 만나러 가려고 합니다." ATM 이후 유용한 발명품은 없다고 했던 대은행가가 이제 무슨 말을 할지 나도 궁금했다.

제방의 산책길이 끝나는 지점까지 왔을 때, 선생님이 쿡쿡 웃기 시작했다.

"비밀이 또 있습니다. 여기까지 왔는데 뭘 숨기겠어요. 미나네 아빠는, 요 1년간 영어를 배우며 맹훈련을 하고 있답니다. 새로운 비즈니스를 준비하려고."

"네?"

"일주일에 세 번은 학원에 다닐 겁니다. 숨 쉴 틈 없는 일대일 강의로. 아내에게도 비밀로 시작했는데 거동이 수상하다, 바람을 피우는 거 아니냐며 의심하는 바람에 허겁지겁 자백

한 모양이에요."

미나는 눈을 끔벅이다가 큰 소리로 웃기 시작했다.

"오늘 돌아가면 얼마나 늘었는지 물어볼게요. 아빠, 중학교 시절에는 영어를 잘했나요?"

"그 말주변으로 영어만 잘하면 그게 더 이상하겠죠?"

미나와 선생님이 나란히 걸으면서 깔깔대고 웃었다. 나는 어느새 조금 뒤처지며 혼자 남겨진 기분이 되고 말았다.

"나도 더 열심히 영어 공부 해야지."

"요전에 말했던 계획은 어떻게 되고 있나요?"

"앞으로 가족들과 상의할 생각이에요."

무슨 말인가 궁금해하는데, 미나가 느닷없이 뒤를 돌아보았다. 올여름, 몇 번인가 보았던 새하얀 원피스 옷자락이 아름다운 곡선을 그렸다.

"준, 나 내년에 유학을 가려고 해."

나는 방망이로 뒤통수를 얻어맞은 듯한 충격을 받았다.

"전에는 일해서 번 돈으로 해외에 가려고 했어. 하지만 속 좁은 오기 부리지 말라는 선생님의 말에 정신이 들었어. 사립 중학교에 가지 않은 것도 지금 생각하면 그저 오기를 부린 것 뿐이야."

웃으며 꿈을 말하는 미나를 응원하고 싶은 기분과 미나가 멀어진다는 생각이 내면에서 줄다리기를 해 쉬이 말이 나오지 않았다.

"아, 유학은 가지만 가끔 모여서 동창회를 열고 싶어."

"오오, 좋은데요."

나는 "응" 하고 대답하는 것이 고작이었다.

"결정! 내가 간사로서 이런저런 기획을 세워볼게요."

주차장에 도착해서 선생님이 리모콘 키로 벤츠 문을 열었다. 미나가 오른쪽 뒷좌석에 들어가 앉았다. 충격에서 빠져나오지 못한 내가 흐느적거리며 반대편 문을 열려는 순간, 선생님이 어깨에 손을 올리고 구부정한 자세로 귓가에 대고 속삭였다.

"적은 거물입니다. 초조해하면 안 돼요. 느긋하게 있어서도 안 되지만. 준도 자신의 길을 찾아서 죽어라 전력질주하는 수밖에 다른 길이 없어요. 따라가기만 해서는 안 됩니다. 자신의 길을 가세요. 멀리 돌아가는 길처럼 보이지만 그게 가장 빠른 지름길입니다."

순간 당황했으나 뒤이은 말에 나는 눈을 크게 떴다.

"두 번 이혼했다는 건 두 번은 프러포즈에 성공했다는 뜻이기도 합니다. 남자 선배의 조언이니 가슴에 새기세요."

선생님은 속사포처럼 말하고서 운전석에 올라탔다.

나는 눈을 감고 문에 손을 댄 채, 방금 선생님이 한 말이 내 안에 가라앉기를 기다렸다. 희미하게 들리는 매미 울음소리가 여름의 끝자락을 알렸다. 나는 눈을 뜨고 아무 일도 없었던 것처럼 미나의 옆자리에 앉았다.

미나가 흐물거리는 나를 이상하다는 듯 쳐다보았다. 선생님은 백미러로 나와 눈이 마주치자 가볍게 윙크했다.

나는 미나에게 오른손을 내밀었다.

미나도 조금은 놀란 얼굴로 오른손을 내밀었다.

손이 서로 닿고, 우리는 아플 정도로 굳게 악수를 나눴다. 차가 조용히 달리기 시작했다. 나는 미나의 눈을 보았다. 내 안에서 여태까지 느껴본 적 없는 강렬함이 싹트는 기분이었다.

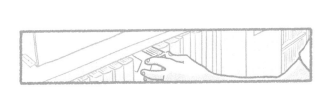

맺음말

이 작품은 원래 저의 가족끼리 돌려 보던 글이었습니다.

현재 고등학생이 된 첫째 딸이 초등학교 5학년이던 시절에 연재를 시작, 수년 후 둘째 딸아이가 독자로 합류하면서 이 두 사람을 대상으로 쓰기 시작한 것이 이 책입니다. 지금은 셋째 딸도 즐겨 읽고 있습니다.

경제와 돈의 구조를 알 수 있는 재미난 읽을거리를 찾아봤 지만 딱 맞는 책을 찾지 못하고 '차라리 내가 써보자!'라고 생각한 것이 불행(?)의 시작이었습니다. 2~3개월 예정이었던 연재는 장기 휴재를 거치며 늘어지고 늘어져서 결국 완결하는 데만 7년이 걸렸습니다.

금융·경제 학원 드라마라는 이상야릇한 스타일은 뭐든 쉽게 질리는 내 딸들에게 읽히기 위한 방책이었습니다. '주산 동아리'의 일원이 되어 책을 읽어나가면 돈과 세상의 구조가 훤히 보이게 될 것이다. 이 시도가 성공했는지는 독자 여러분의 판단에 맡기겠습니다.

시대가 변했다고는 하나 '돈은 더러운 것', '돈에 집착하는 건 천박하다'는 편견은 여전히 우리 사회에 뿌리 깊게 남아 있습니다. 경제와 금융에 관한 이야기는 복잡해서 이해하기 어렵다며 웬만하면 사양이야, 하고 손사래를 치는 사람도 적지 않습니다.

하지만 돈에 관한 이야기는 더럽지도 그렇게 어렵지도 않습니다. 중요하기도 중요하지만 무엇보다 재미있습니다. 이 책이 어른들에게는 경제를 다시 보는 계기가, 청소년들에게는 돈의 신비함과 일의 의미를 생각하는 시작이 되었으면 좋겠습니다.

그리고, 한발 앞서 개인 출판했던 킨들판을 읽어주신 독자 여러분께.

이번 단행본 출간을 맞아 '더 알기 쉽게' 읽혔으면 하는 마음에 대대적으로 원고를 수정했습니다. "이런 똑똑한 초등학생이 어디 있어!"라고 했던 독자 여러분의 수많은 지적을 참고하여, 초등학생이었던 준과 미나를 중학교로 '진학'시켰습니다. 이번 기회에 다시 한번 유쾌한 3인조의 지적 모험에 동참해주시기를 부탁드립니다.

저의 본업은 신문기자입니다. 20년 정도 주식과 채권 등의 마켓과 금융업계, 국제 뉴스 취재와 편집을 담당해왔습니다. 그간 해온 생각이 이 작품에 반영된 것은 사실이나, 기자로서의 업무나 소속된 회사와는 관계가 없다는 말을 덧붙입니다.

마지막으로 『돈의 교실』이라는 제목 그리고 소년과 소녀, 약간 이상한 선생님의 강의 풍경이라는 무대 설정은 철학자 노야 시게키(野失茂樹) 선생님의 저서 『무한론 교실』(뿌리와이파리, 2003)에서 빌려왔습니다. 언젠가 나도 이런 유쾌한 책을 써보고 싶다고 생각했던 것도 이 책이 세상에 나온 이유 중 하나였습니다. 이 자리를 빌려 감사드립니다.

다카이 히로아키

이 책의 장르는 한마디로 설명하기 어렵다. 작가는 이 책을 가리켜 '경제 해설이 스토리상 중요한 요소인 이상한 청춘소설'이라고 정의했는데, 바로 그 말처럼 한 장르로 콕 짚어서 이야기하기 힘들기 때문이다. 다행히도 자칫 이도 저도 아니게 될 뻔한 작품이 청춘소설답게 파릇파릇한 느낌을 잃지 않으면서 경제를 쉽게 알려준다는 본래의 목적을 제대로 달성한 듯 보인다. 수업이 진행되는 중간중간 가슴 떨리는 첫사랑에

설레는 남자 주인공이나, 아빠의 직업에 혼란스러워하는 여자 주인공 등 딱 그맘때의 아이들 모습을 섬세하게 그려내고 있기 때문이다. 작가의 본업이 글을 쓰는 기자라고는 하나 딱딱한 경제기사를 주로 썼을 텐데, 어떻게 이렇듯 감수성 어린 소설을 써냈을까? 궁금하여 그의 이력을 찾아보았다.

작가는 원래 신문기자로 20년 이상 일하면서 주식과 채권 등의 시장 분야에 몸담았다. 2016년 봄부터 2년간 런던에 주재원으로 있었고 현재는 일본으로 돌아와 도쿄에서 일하고 있다. 올해로 마흔여섯이고 고등학생, 중학생, 초등학생 딸이 있다.

딸들에게 돈과 경제에 관해 쉽게 알려주겠다는 생각으로 2010년부터 쓰기 시작한 글은 2016년에 완성됐다. 취지가 취지인 만큼, 경제의 기본을 알기 쉽게 설명하며 리먼 사태를 비롯하여 아베 정권의 탄생으로 대두되고 있는 평화헌법 개정 가능성, 피케티가 제기한 부의 불평등 문제 등 그 사이에 일어난 굵직한 사회 현안도 녹여내고 있다.

원래는 10장 정도의 단편으로, 한 달에 2장씩 써서 1년 안에 마칠 계산이었으나 예상을 넘어 길어졌다고 한다. 그 이유로 작중 인물들이 작가의 손을 벗어나 살아 움직이기 시작한 점, 그리고 작가가 기자로 일하는 동안에 일어난 정치·경제의 변화로 바빠서 이 책의 집필에 몰입할 수 없었던 점을 작가는 꼽았다. 하지만 덕분에 이야기가 풍성해지고 위에서 말한 현안들도 담을 수 있었다고 생각한다.

이 책의 좋은 점은 시선이 따뜻하다는 것이다. 돈, 경제에 대해 다룬다고 해서 경제를 우선하거나 돈을 최고로 꼽지 않는다. 장애인이 일하는 식품트레이 공장이나 돈이 아닌 가치를 중시하는 투자회사 등을 차례로 등장시켜 혼자만 잘사는 것이 아니라 인류가 함께 살아가는 것의 중요성을 일깨워주려 한다. 그리고 그러한 뜻을 작가가 일방적으로 아이들에게 주입하는 것이 아니라, 함께 생각해보고 스스로 깨달을 수 있게 이야기를 이끌어간다. 아이들의 눈높이에 맞춰 쉽고 재미있게. 보통 회사나 주식에 대해 설명해보라고 하면 제대로 설명하는 사람이 드문데, 이 책은 그런 기본이 되는 부분을 정말 쉽게 알려준다. 예를 들어, 다음을 보라.

"우리 회사가 하는 일은 돈을 맡긴 고객을 대신해 좋은 회사를 찾아서 투자하는 것입니다. 규모가 어느 정도 되는 기업은 '주식'이란 걸 발행합니다. 주식은 그 회사의 경영과 이익 배분에 참가할 수 있는 권리를 말하죠. 그리고 누구나 주식을 살 수 있는 기업을 상장기업이라고 합니다. 윗 상(上), 마당 장(場)을 써서 자리에 올라간다, 즉 기업이 주식시장이라는 개방된 무대에 올라가는 것을 의미합니다. 우리는 지금 30여 개 회사의 주식을 보유하고 있습니다. 투자한 회사가 이익을 내면 주가가 급등하거나, 이익의 몇 %를 배당으로 받는 주주에게 가는 돈이 늘어나서 주주, 즉 우리 고객이 돈을 버는 구조입니다."

그 다음은 시장경제를 설명하는 부분이다.

"우리 사회는 자본주의 사회입니다. 그리고 그러한 사회에서 가장 중요한 토대는, 사회에 공헌한 기업과 인재가 정당한 평가를 받는 것입니다. 세상에 도움이 되는 물건과 서비스를 제공하는 회사와 성실히 일하는 사람들이 세상을 부유하게 만들고, 그 공헌도에 상응하는 보수를 받아야 합니다. '세상을 위해 도움이 되는 사람은 그에 걸맞은 보상을 받는다'라는 전제가 경제를 움직이는 중요한 엔진이 됩니다. 이 체제를 근간에서 떠받치는 것이 '시장'이고요. 그리고 이것이 우리의 경제시스템을 시장경제라고 부르는 이유입니다."

복지의 탄생 배경에 관해서는 다음과 같이 쉽게 말해준다.

"장애인 보호와 기초생활보장은 복지라는 개념으로 묶을 수 있을 텐데, 복지가 탄생한 배경에는 냉전시대가 있습니다. 냉전 시기 경제적으로는 다른 사람을 도울 여유가 사회에 생겼습니다. 그리고 혁명 방지와 사회질서의 유지라는 압력을 배경으로 복지국가가 발달했죠. 거기에는 역사적 필연성이 있어 하루아침에 복지국가가 된 것은 아닙니다. 다시 말해 사회주의와 대립하던 자유주의 진영 국가에서 행여나 일어날 혁명을 두려워하며 복지정책을 펼친 것입니다. 여기에는 표를 의식한 정치가의 속내도 들어 있었습니다."

이 밖에도 평소 자주 접하는 말이지만 정확히 알지 못하는 경제용어와 흐름 역시 알기 쉽게 설명해준다. 그런 면에서는 꼭 청소년이 아니어도 읽어볼 만하다. 하지만 이 책의 장점은 뭐니 뭐니 해도 재미있다는 점이다. 아무리 좋은 글이라도 재미가 없으면 아무 소용이 없다. 어딘가 수상쩍은 이력의 미스터 골드맨 선생님은 어쩌다 이 학교에 오게 된 것일까? 그 비밀을 알고 싶다면 부디 이 책을 끝까지 읽어보기 바란다.

전경아

# 돈의 교실

**초판 1쇄 발행** 2019년 8월 12일
**초판 6쇄 발행** 2021년 8월 30일

**지은이** 다카이 히로아키
**옮긴이** 전경아 **감수** 이두현

**발행인** 이재진 **단행본사업본부장** 신동해 **편집장** 김수현
**책임편집** 이태화 **디자인** 최보나 **마케팅** 권오권
**홍보** 최새롬 **국제업무** 김은정 **제작** 정석훈

**브랜드** 웅진지식하우스
**주소** 경기도 파주시 회동길 20
**문의전화** 031-956-7491(편집) 031-956-7068(마케팅)
**홈페이지** www.wjbooks.co.kr
**페이스북** www.facebook.com/wjbook
**포스트** post.naver.com/wj_booking

**발행처** ㈜웅진씽크빅 **출판신고** 1980년 3월 29일 제406-2007-000046호
한국어판출판권 ⓒ 2019 Woongjin Think Big
ISBN 978-89-01-23382-6 43320